Wie Man Samurai-Buch Zeichnet (Dieses Buch Zeigt Dir, Wie Man Samurai Einfach Zeichnet, Samurai-Waldläufer, Samurai-Schwerter, Samurai-Mädchen und Wie Man Samurai-Manga Zeichnet)

In diesem Buch findest du Tipps, wie du schnell und einfach 38 Samurai zeichnen kannst

---

James Manning

Wie Man Samurai-Buch Zeichnet

Einführung

Das Zeichnen stimuliert Teile des Gehirns, die für kreatives Denken und Vorstellungskraft zuständig sind. Schon in jungen Jahren werden wir alle kreativ zum Zeichnen angeregt, oft um unsere Feinmotorik und Koordination zu verbessern.

Von Kleinkind-Kritzeleien" bis hin zu Streichholzmännchen" wirst du vielleicht feststellen, dass du mit zunehmendem Alter komplexere Zeichnungen in Angriff nehmen willst (vielleicht ist es ein Bild, das du in einem Buch gesehen hast), aber wenn du anfängst, Bleistift zu Papier zu bringen, hast du vielleicht keine Ahnung, wo du anfangen sollst, was dich frustriert und ärgert.
Mit Hilfe unserer Buchreihe 'Wie man zeichnet' wird diese Frustration verschwinden, während wir euch Schritt für Schritt, Zeile für Zeile anleiten, um eure eigenen Meisterwerke zu schaffen!

Jede Illustration in diesem Buch wird in Linien und Formen zerlegt und vereinfacht, die dich nicht überwältigen werden. Während wir euch anleiten, jede einfache Linie und Form zusammen auf dem Papier zu formen, wird das Bild allmählich detaillierter und strukturierter.

Es wird ein großes Gefühl der Zufriedenheit und des Erfolges geben, sobald deine Zeichnung fertig ist, was wiederum dein Selbstwertgefühl und dein Selbstvertrauen stärken wird.

Zeichne die Figuren Schritt für Schritt

Für den Rest des Buches zeige ich dir, wie du 38 verschiedene Figuren Schritt für Schritt zeichnen kannst. Jeder Schritt baut auf dem vorherigen Schritt auf, bis du schließlich 38 vollständige Figuren hast.

Die Illustrationen, die ich auf den vorherigen Seiten beschrieben habe, werden in diesen Figuren enthalten sein, also achte bitte auf die Figuren.

Wenn du die Umrissskizzen für eine der Figuren herunterladen möchtest, habe ich ein zusätzliches Buch erstellt, in dem alle Figuren enthalten sind. Du kannst es kostenlos herunterladen, indem du die untenstehende Webadresse besuchst:

https://www.lipdf.com/samurai/

Wenn du meine Schritt-für-Schritt-Vorgehensweise anfangs zu kompliziert oder schwierig findest, lass sie bitte beiseite und komm später darauf zurück. Benutze stattdessen zuerst die Gitter mit Zahlen und Buchstaben darauf. Wenn du den Koordinaten folgst und sie mit den Koordinaten auf einem leeren Gitter abgleichst, kannst du stattdessen die Figuren auf diese Weise neu zeichnen.

Was tun, wenn du beim Zeichnen zunehmend frustriert wirst
Du wirst vielleicht feststellen, dass du beim Durcharbeiten meiner 'Wie man zeichnet'-Serie frustriert wirst, da es dir schwerer fällt, die neue Fertigkeit zu erlernen, als du vielleicht zunächst angenommen hast. Es kann sein, dass das, was du auf das Papier gezeichnet hast, anders aussieht, als du es dir vorgestellt hast, oder dass du deine Fertigkeit ständig mit den Bemühungen deiner Freunde und Geschwister vergleichst. Das Erlernen einer brandneuen Fertigkeit kann schwierig und zeitaufwändig sein, und ihr müsst euch daran erinnern, dass jeder in einem anderen Tempo lernt und arbeitet und dass es für euch völlig in Ordnung ist, wenn ihr euch Zeit nehmt, um eure neue Fertigkeit zu verfeinern.

Wenn du feststellst, dass du deine Konzentration verlierst und dich bei der Arbeit unruhig und frustriert fühlst, ist es sehr wichtig, dass du versuchst, die Aktivität amüsant und einnehmend zu gestalten, daher ist es unerlässlich, regelmäßige Pausen zu fördern. Vielleicht ist es sogar besser, dich für eine Weile zu einer ganz anderen Aktivität zu ermutigen und morgen wieder zu malen.

Es ist auch wichtig, deine Gefühle zu bestätigen. Es ist in Ordnung, wenn du dich verärgert und frustriert fühlst, aber ermutige dich immer, es weiter zu versuchen. Vielleicht sagst du dir, du solltest einen Schritt im Buch zurückgehen und einen Teil wiederholen, den sie bereits gemeistert haben, und dann allmählich zu dem Schritt übergehen, den du schwieriger findest.

Jeder, auch Erwachsene und die erfolgreichsten Künstler, können Fehler machen, und manchmal können diese Fehler sogar Erfolge sein! Die zusätzliche Linie oder Form, die du vielleicht versehentlich gezeichnet hast, könnte Teil der Zeichnung als Ganzes werden, und es ist nicht nötig, die Linien genauso zu kopieren, wie sie im Buch stehen.

Aber das Zeichnen mit Bleistift statt mit permanenter Tinte erlaubt dir, alle 'Fehler' auszuradieren und daraus zu lernen. Wenn du in der Lage bist, das zu entfernen, was du als Fehler empfindest, wird es dich davon abhalten, dich überfordert zu fühlen und von vorne anzufangen; stattdessen kannst du von dem Punkt aus weitermachen, den du ausradieren konntest.

Versuche dir selbst immer wieder zu bestätigen, dass man beim Zeichnen am besten lernt, wenn man aus Fehlern lernt und weitermacht.

James Manning, ClinPsyD

Wie Man Samurai-Buch Zeichnet

Hier sind alle Zeichnungen in diesem Buch. Ich schätze, es muss so aussehen, als gäbe es viele von ihnen, wenn man sie alle auf einmal betrachtet!

Zum Glück werde ich dich nicht bitten, sie gleich alle zu zeichnen. Am besten lernt man das Zeichnen Schritt für Schritt. Für jede Zeichnung in diesem Buch benötigst du vielleicht zwischen 50 und 200 Striche deines Bleistifts, aber du musst nur daran denken, einen Strich nach dem anderen zu zeichnen.

Wenn du deinen Bleistift benutzt, Strich für Strich, und dich durch dieses Buch arbeitest, wirst du schließlich in der Lage sein, alle Zeichnungen zu erstellen!

Willkommen beim Zeichnen von Samurai

Während du dieses Buch liest, vermute ich, dass du Samuri liebst und gerne lernen würdest, wie man sie zeichnet? Glücklicherweise ist Interesse das Wichtigste von allem, um etwas Neues zu lernen. Um dein Bestes zu geben, musst du dir Zeit nehmen, geduldig sein und weiter üben.

Wie man Samurai-Schwerter zeichnet

Ich denke, ein guter Anfang wird sein, zu lernen, wie man Samurai-Schwerter zieht. Schwerter gibt es in allen Formen und Größen, aber in den meisten Fällen sind Samuraischwerter auf der größeren Seite mit gebogenen Enden.

Das Tsuka oder der Griff des Schwertes kann so aufwendig gemacht werden, wie du willst. Die Umhüllung des Griffs wird als 'Nagamaki' bezeichnet.

Traditionelle japanische Hüte

Einige der Samurai in diesem Buch tragen traditionelle japanische Hüte, die allgemein als 'kasa' bezeichnet werden. Diese Hüte haben eine breite Krempe, um die Sonne vom Gesicht fernzuhalten.

Zeichne ein Kasa Schritt für Schritt

Die Chonmage

In diesem Buch haben viele der Figuren ihre Haare in einem Haarknoten. Dies ist eine traditionelle japanische Frisur, bekannt als Chonmage.

Eine Chonmage Schritt-für-Schritt

Manchmal, wenn zuerst die Haare deiner Figur gezeichnet werden, ist es ganz einfach, danach ein Gesicht einzufügen.

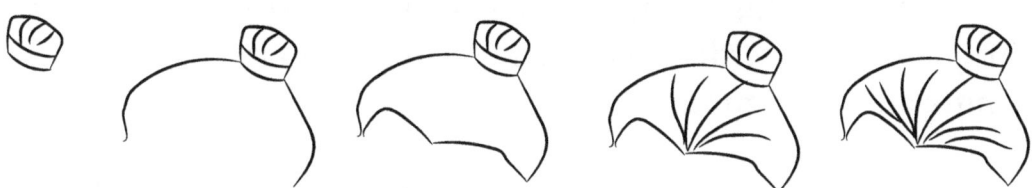

Ein Kimono Schritt-für-Schritt

Der Kimono war die gebräuchlichste alltägliche Kleidung, die von den Samurai gewählt wurde. Er bestand aus zwei Stoffschichten, einer inneren und einer äußeren, die von einer dünnen Schärpe namens koshi himo gehalten wurden.

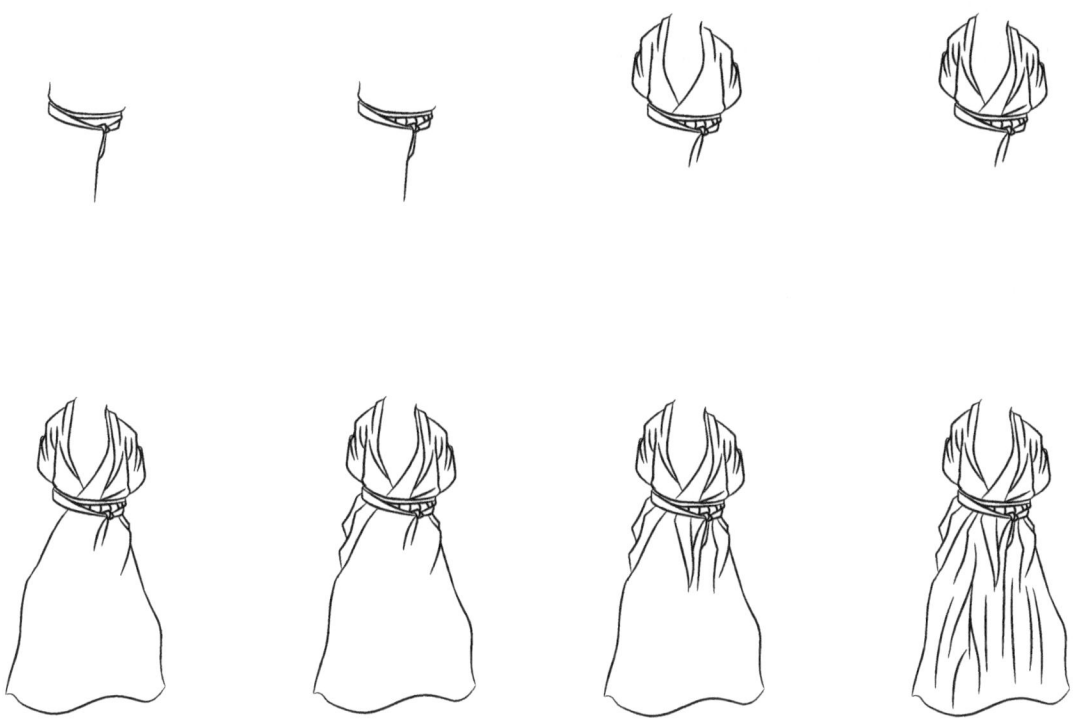

Zeichne die Figuren Schritt für Schritt

Für den Rest des Buches zeige ich dir, wie du 38 verschiedene Figuren Schritt für Schritt zeichnen kannst. Jeder Schritt baut auf dem vorherigen Schritt auf, bis du schließlich 38 vollständige Figuren hast. Die Illustrationen, die ich auf den vorherigen Seiten beschrieben habe, werden in diesen Figuren enthalten sein, also achte bitte auf die Figuren.

Wenn du die Umrissskizzen für eine der Figuren herunterladen möchtest, habe ich ein zusätzliches Buch erstellt, in dem alle Figuren enthalten sind. Du kannst es kostenlos herunterladen, indem du die untenstehende Webadresse besuchst:

https://www.lipdf.com/product/samurai/

Wenn du meine Schritt-für-Schritt-Vorgehensweise anfangs zu kompliziert oder schwierig findest, lass sie bitte beiseite und komm später darauf zurück. Benutze stattdessen zuerst die Gitter mit Zahlen und Buchstaben darauf. Wenn du den Koordinaten folgst und sie mit den Koordinaten auf einem leeren Gitter abgleichst, kannst du stattdessen die Figuren auf diese Weise neu zeichnen.

https://www.lipdf.com/product/grids/

1. Das Zeichnen einer Grund-Skizze deiner Zeichnung hilft, deinem Bild gute Proportionen zu geben.

2. Wenn du die Position der
Augenbrauen deine Figur änderst,
kann sich der emotionale Ausdruck
leicht verändern.

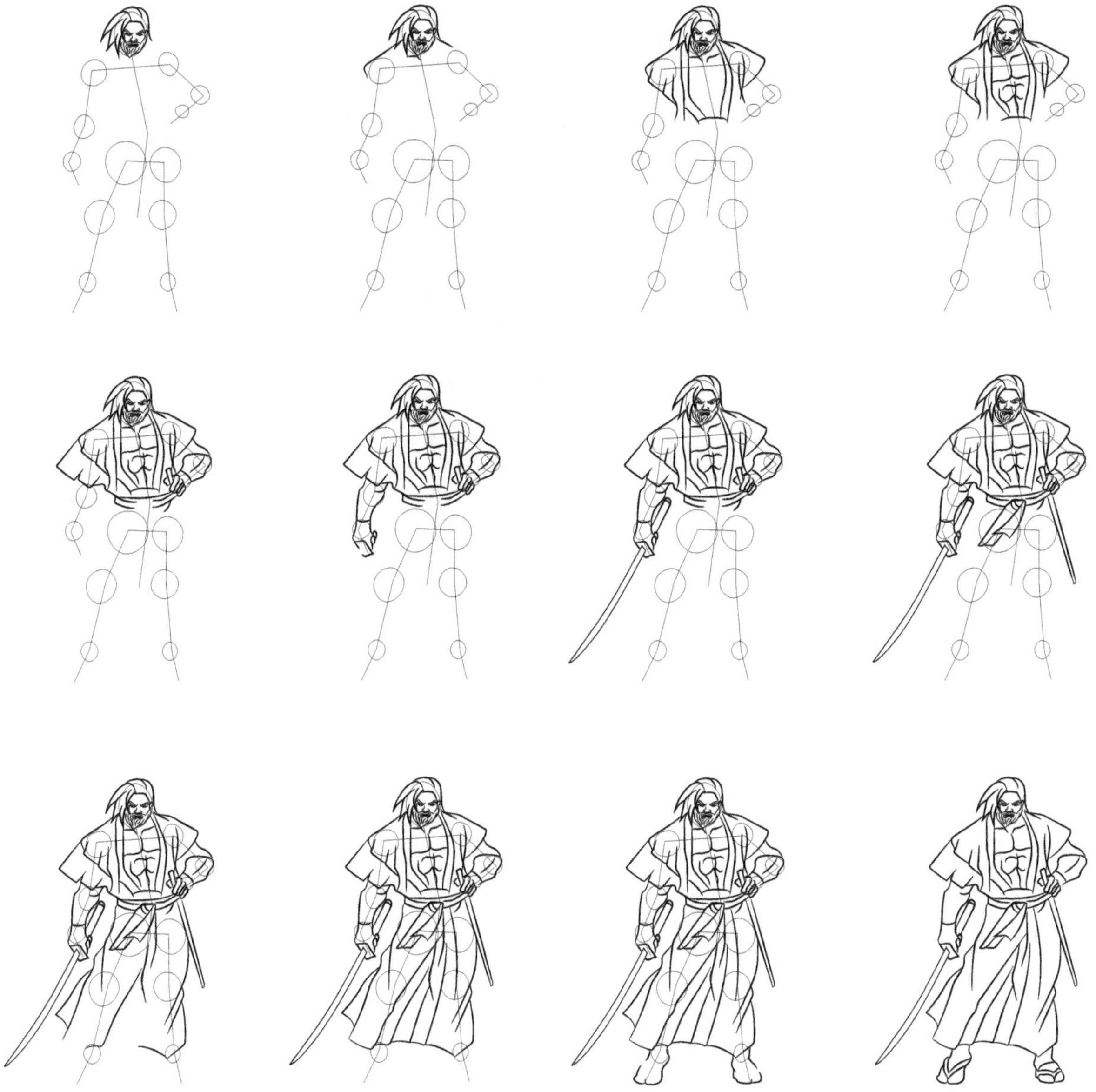

	A	B	C	D	E	F	G	H
1								
2								
3								
4								
5								
6								
7								
8								
9								
10								
11								
12								

3. Beginnen du Deine Zeichnung mit den
Augen und konstruieren du als nächstes ein
Gesicht darum herum.

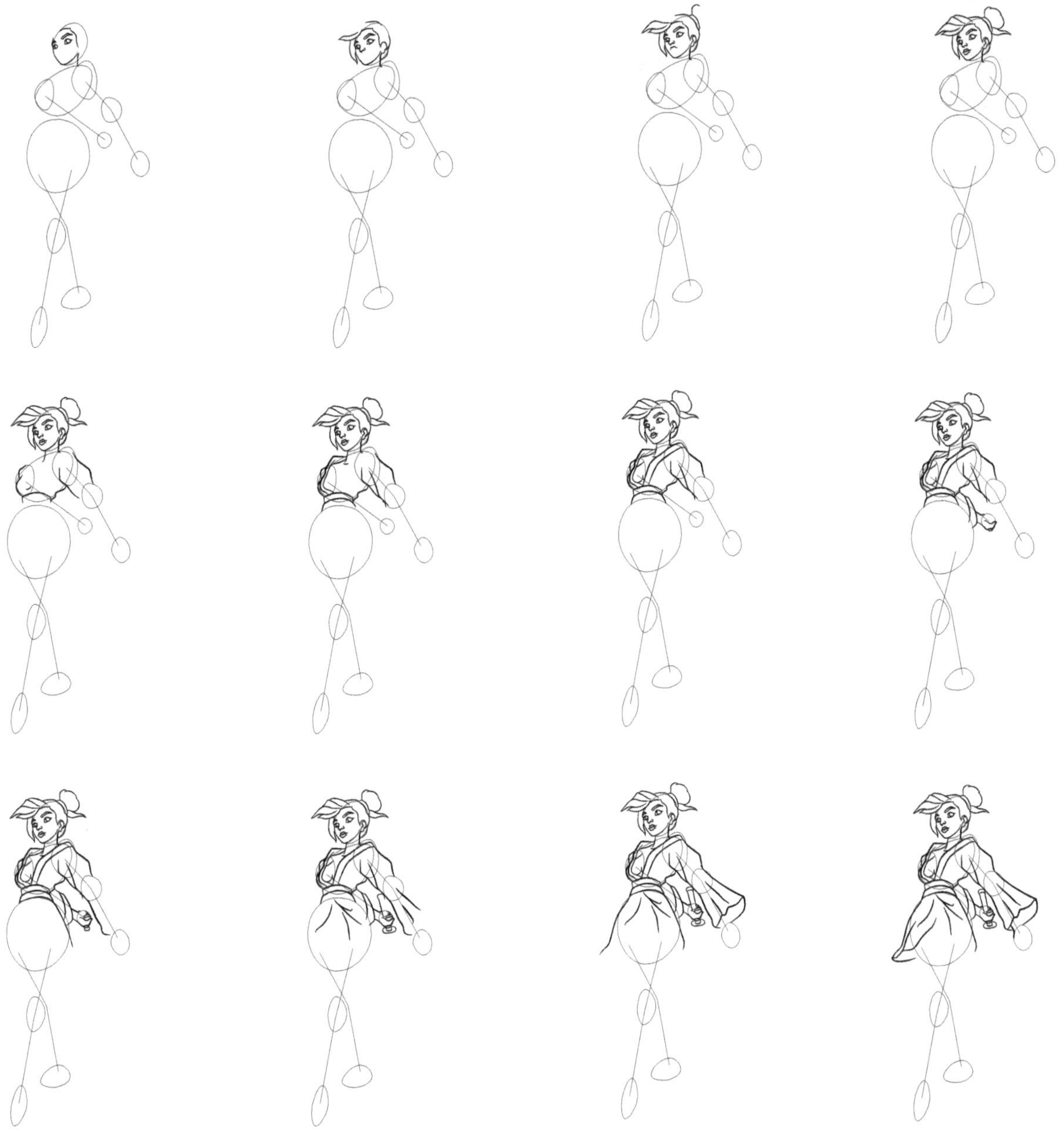

4. Teile deine Skizze in Abschnitte auf,
damit du entscheiden kannst, wie du deine
Zeichnung proportionieren möchtest.

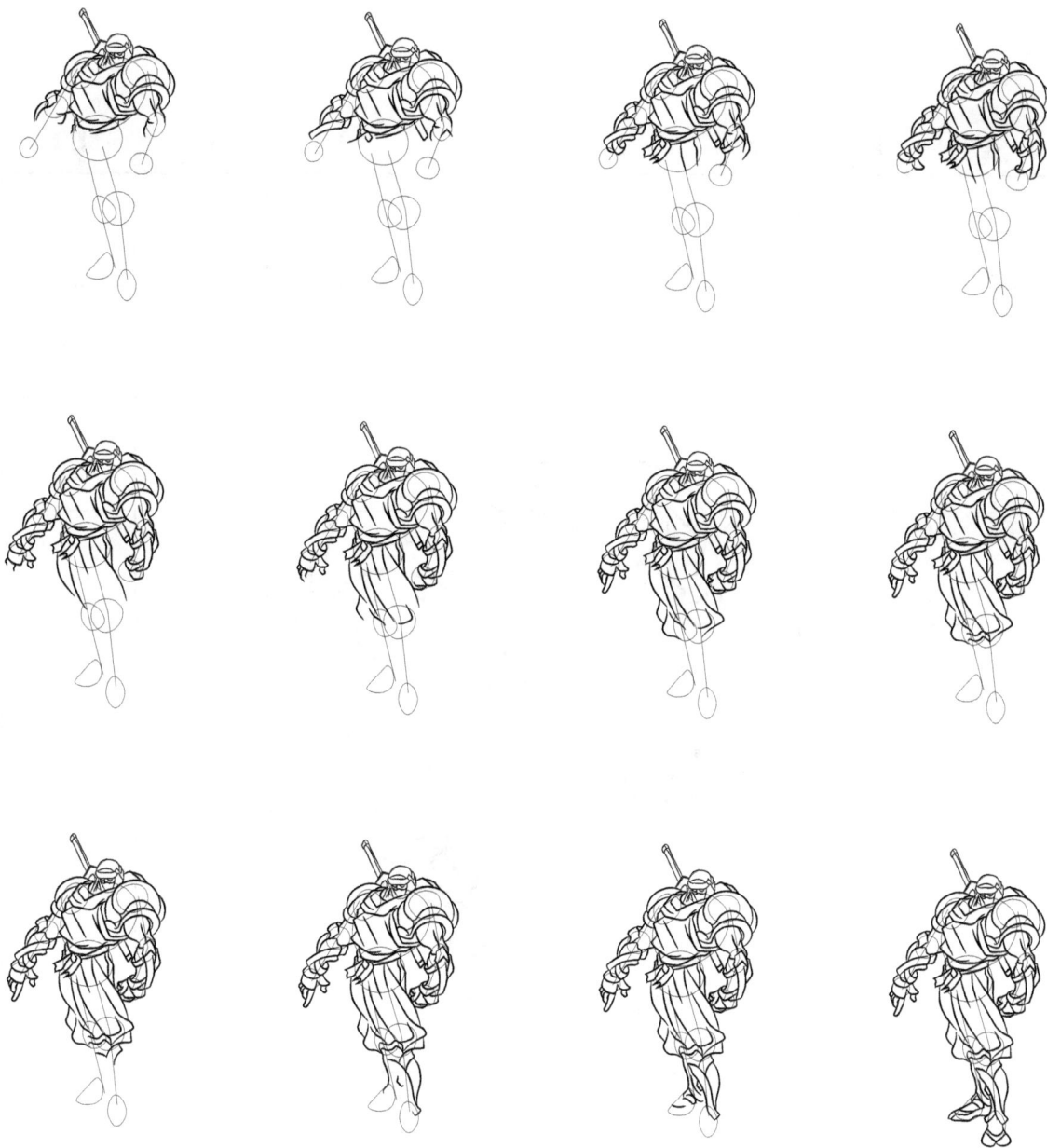

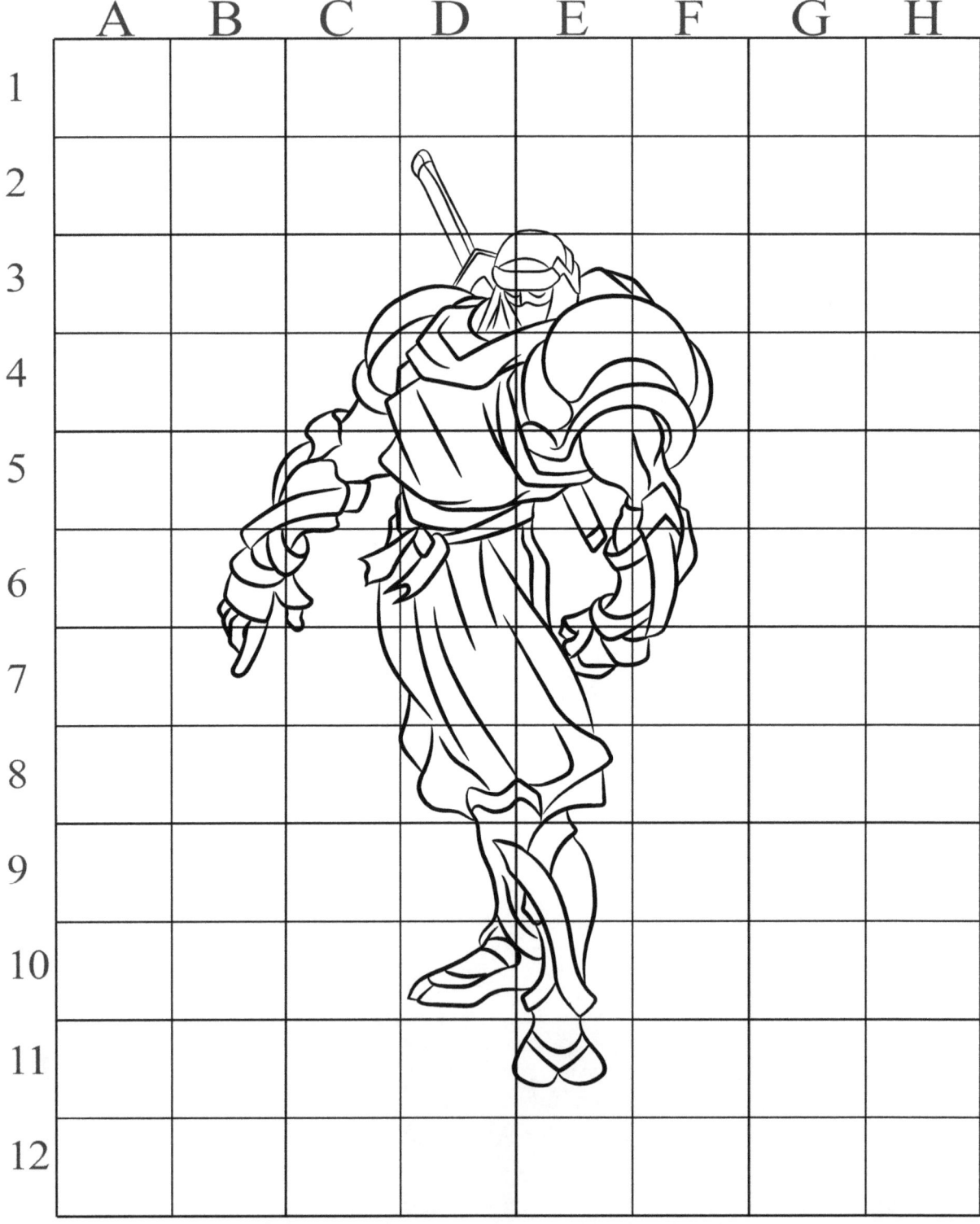

5. Zeichne zuerst den Kopf und zeichne dann den Rest des Körpers um ihn herum.

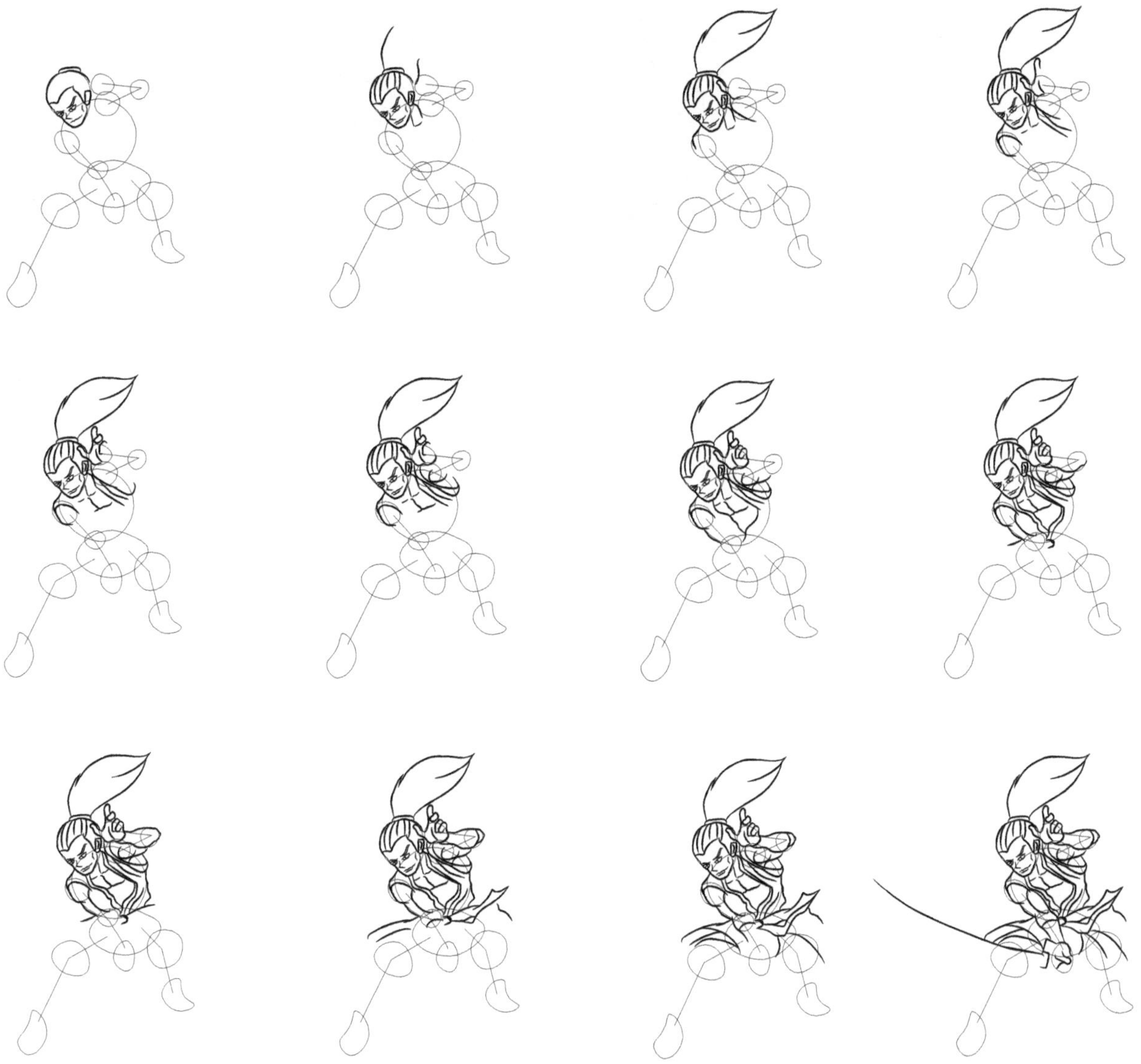

6. Nachdem du den Kopf deiner Figur gezeichnet hast, ist es einfacher, kleine Details hinzuzufügen.

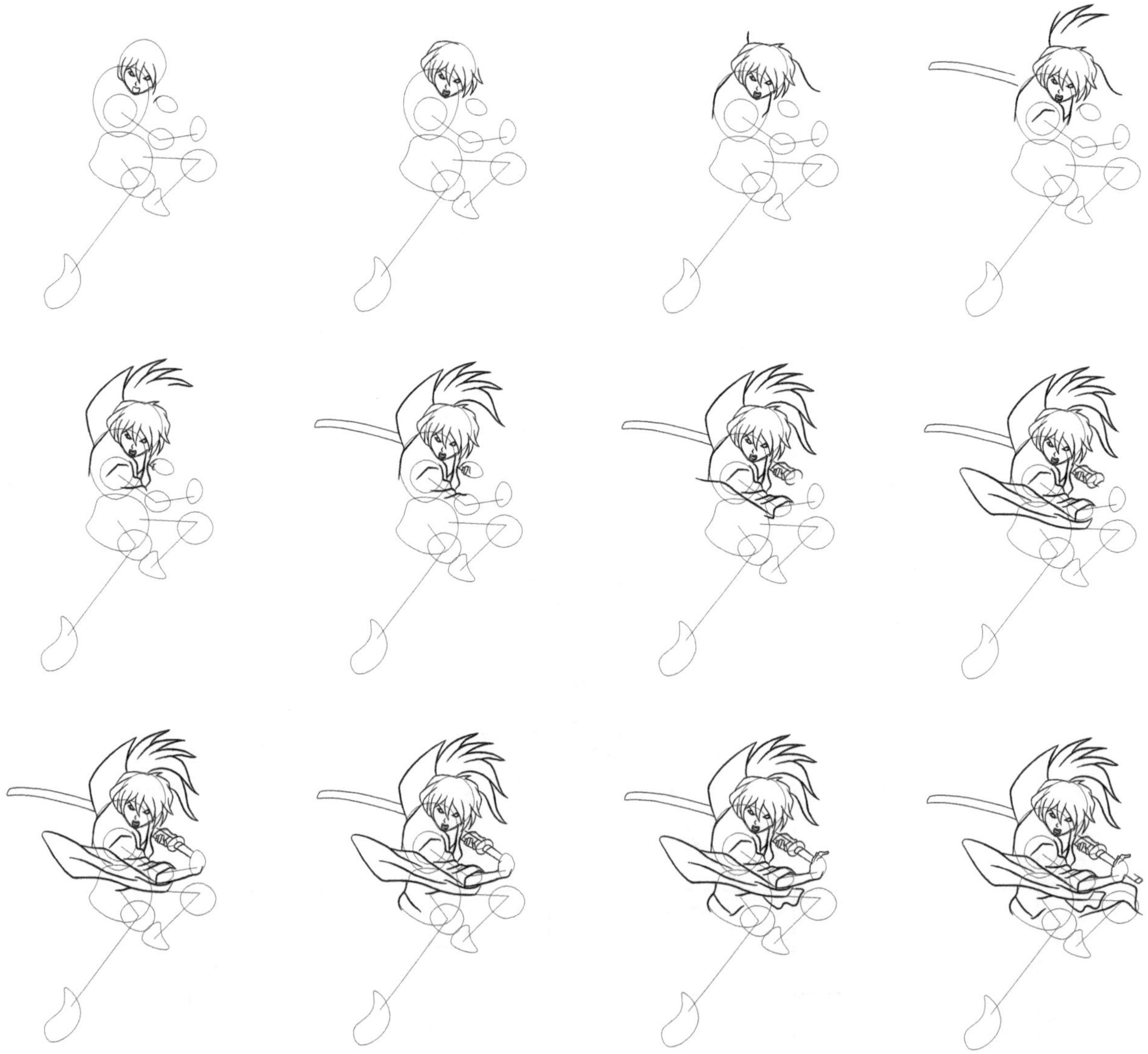

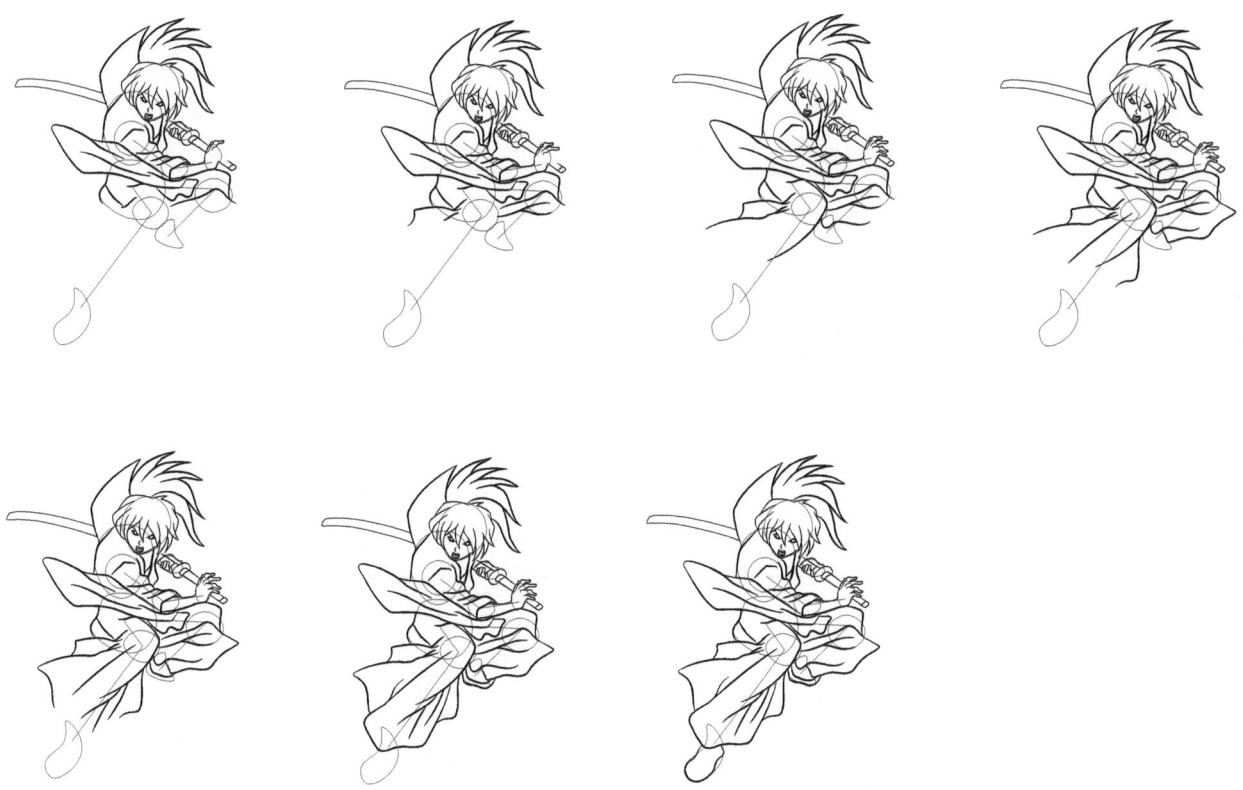

	A	B	C	D	E	F	G	H
1								
2								
3								
4								
5								
6								
7								
8								
9								
10								
11								
12								

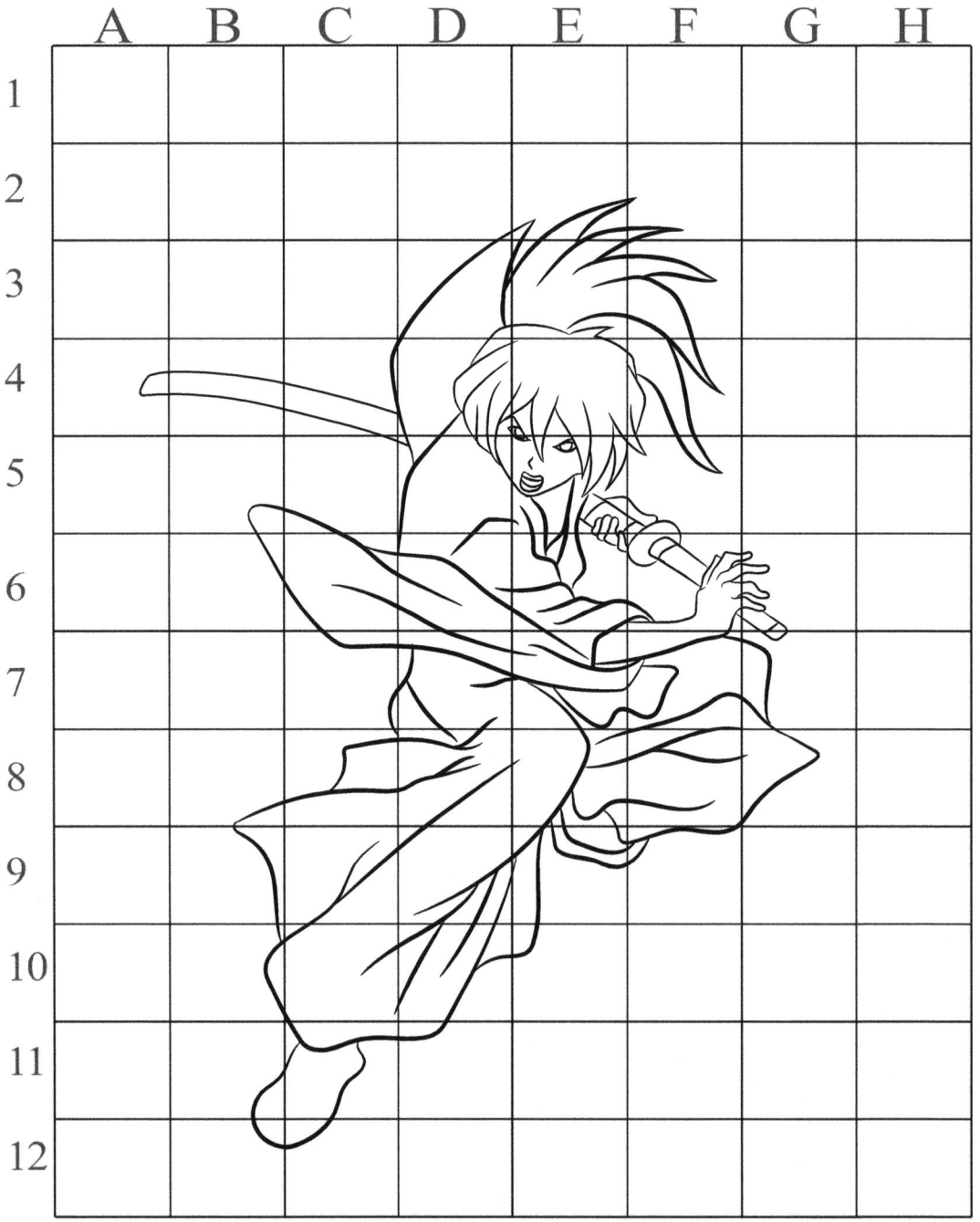

7. Die Verwendung von überlappenden Ellipsen in Gitternetzen kann sehr hilfreich sein, wenn du runde Formen erstellen möchtest.

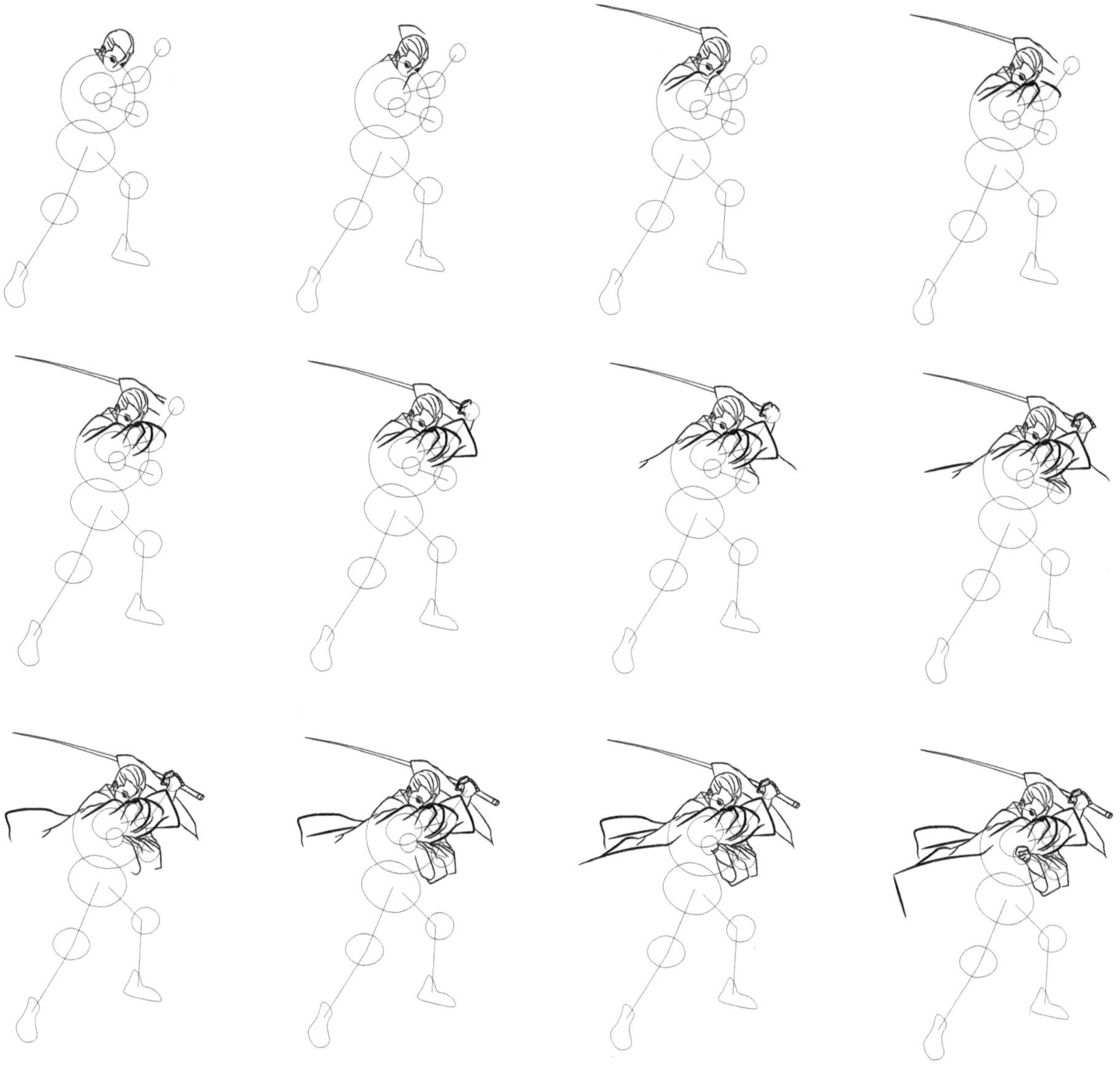

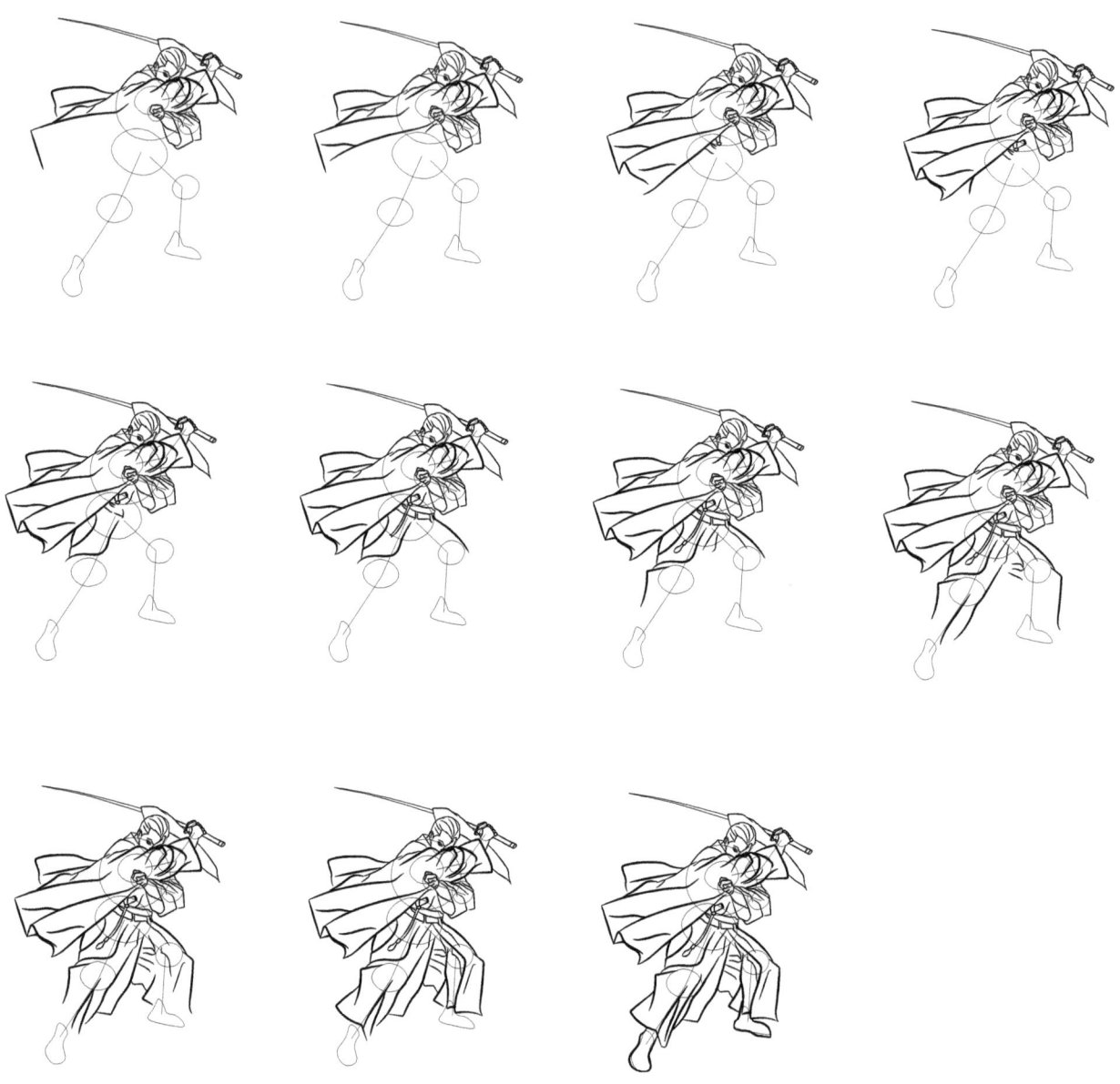

8. Wenn du die Augen näher
zusammenrückst, kann die Figur, die du
zeichnest, noch wütender aussehen.

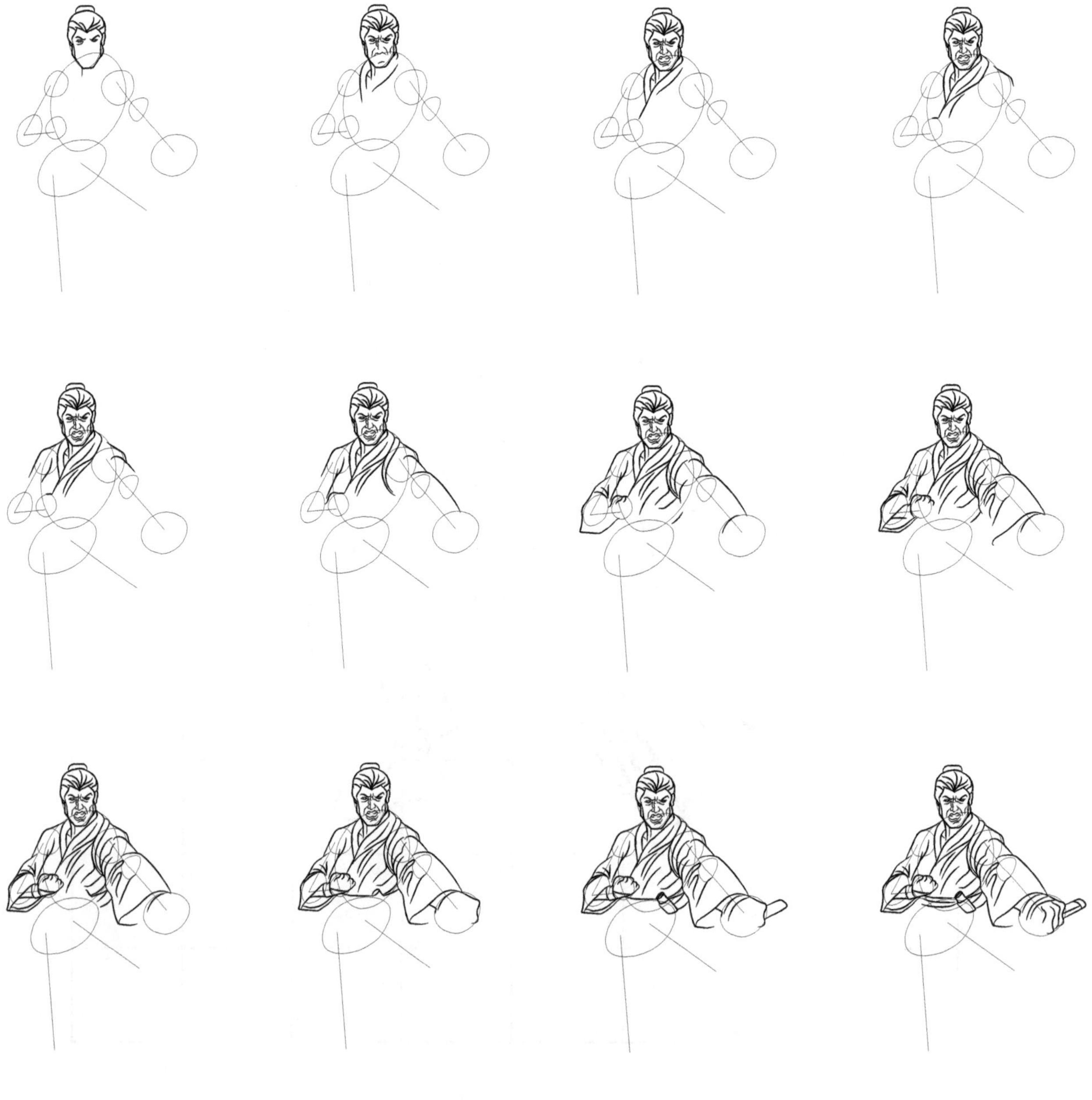

9. Wenn du mit einer komplexeren Zeichnung beginnst, solltest du sie dir am besten als eine Menge kleiner Teile vorstellen. Wenn du dich immer nur auf einen kleinen Teil konzentrierst, wird sich dein Projekt weniger überwältigend anfühlen.

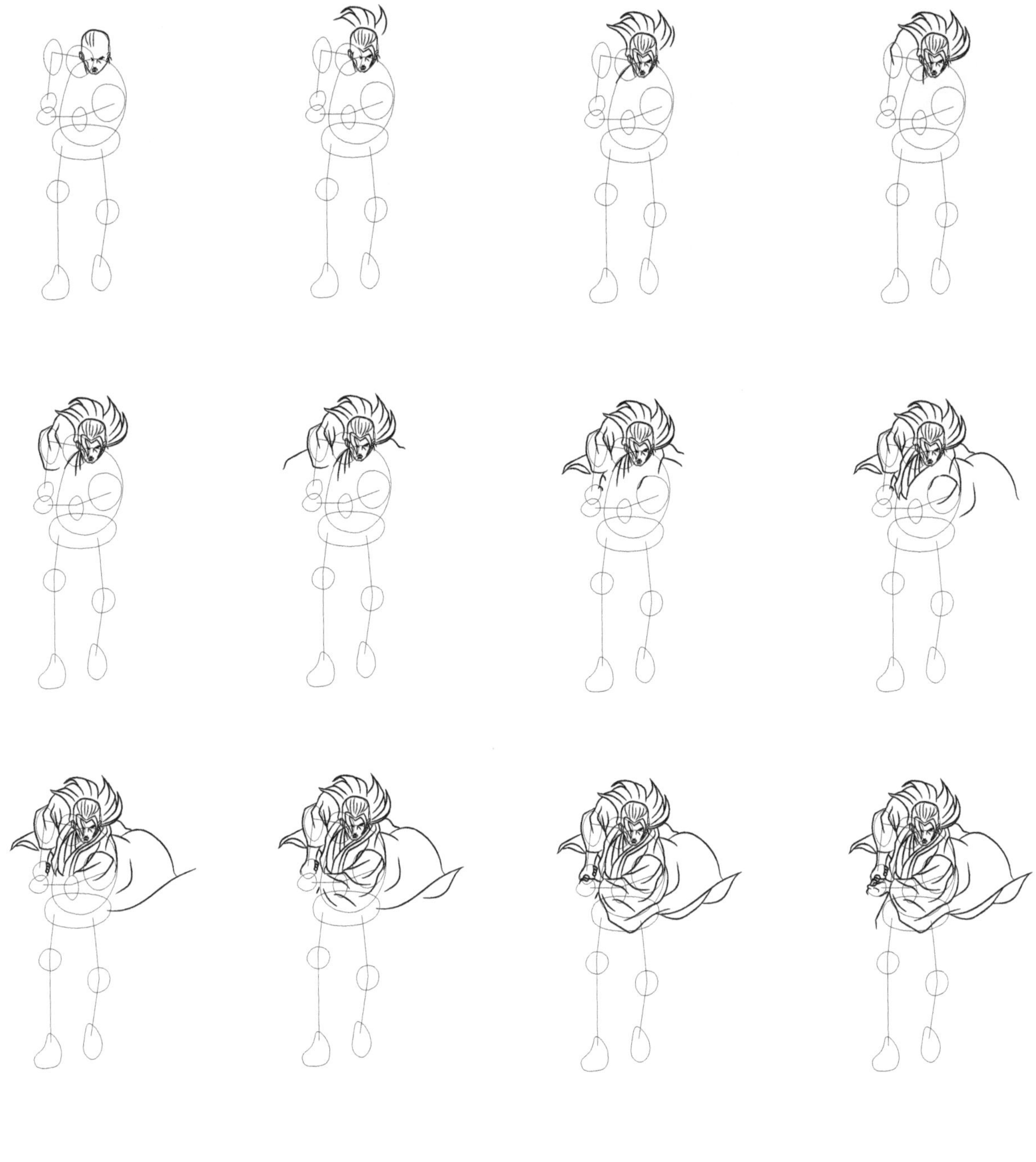

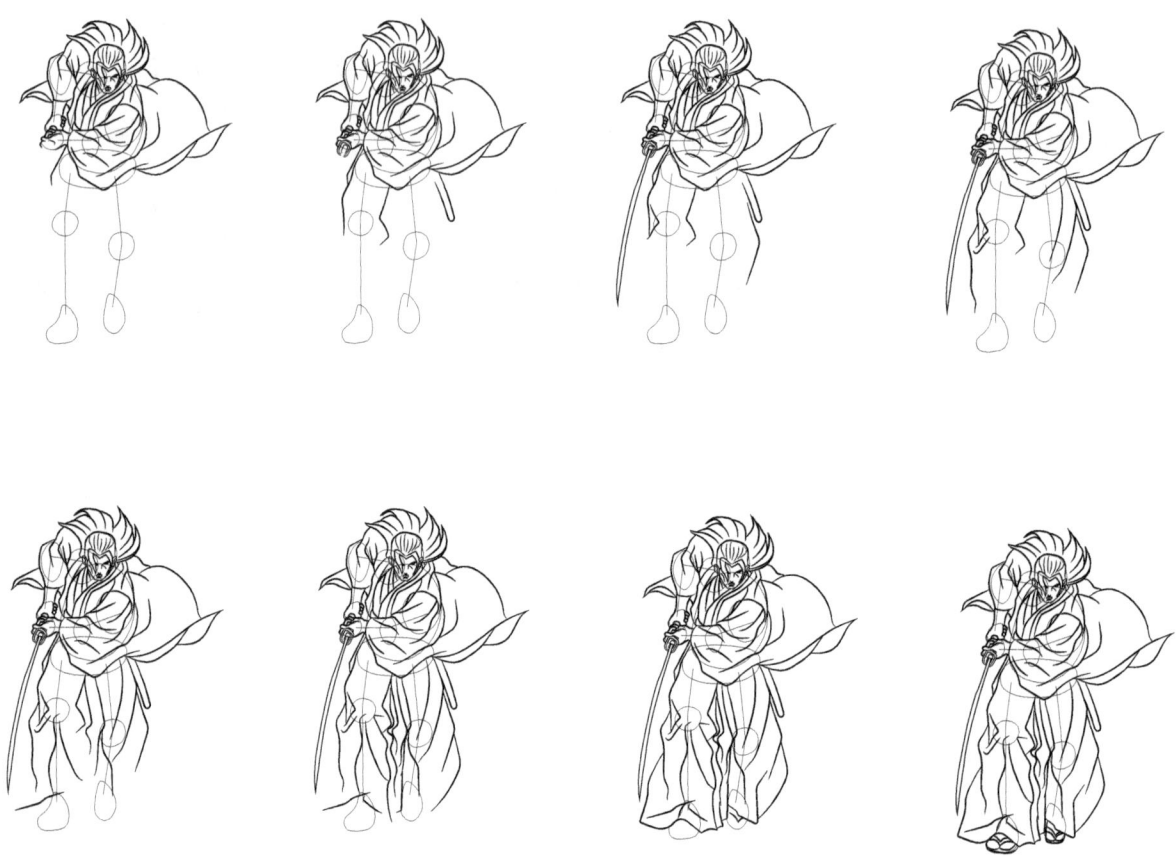

	A	B	C	D	E	F	G	H
1								
2								
3								
4								
5								
6								
7								
8								
9								
10								
11								
12								

10. Es gibt keinen richtigen Weg, eine Umrissskizze zu zeichnen. Es ist eine einfache grobe Zeichnung, um dir den Anfang zu erleichtern.

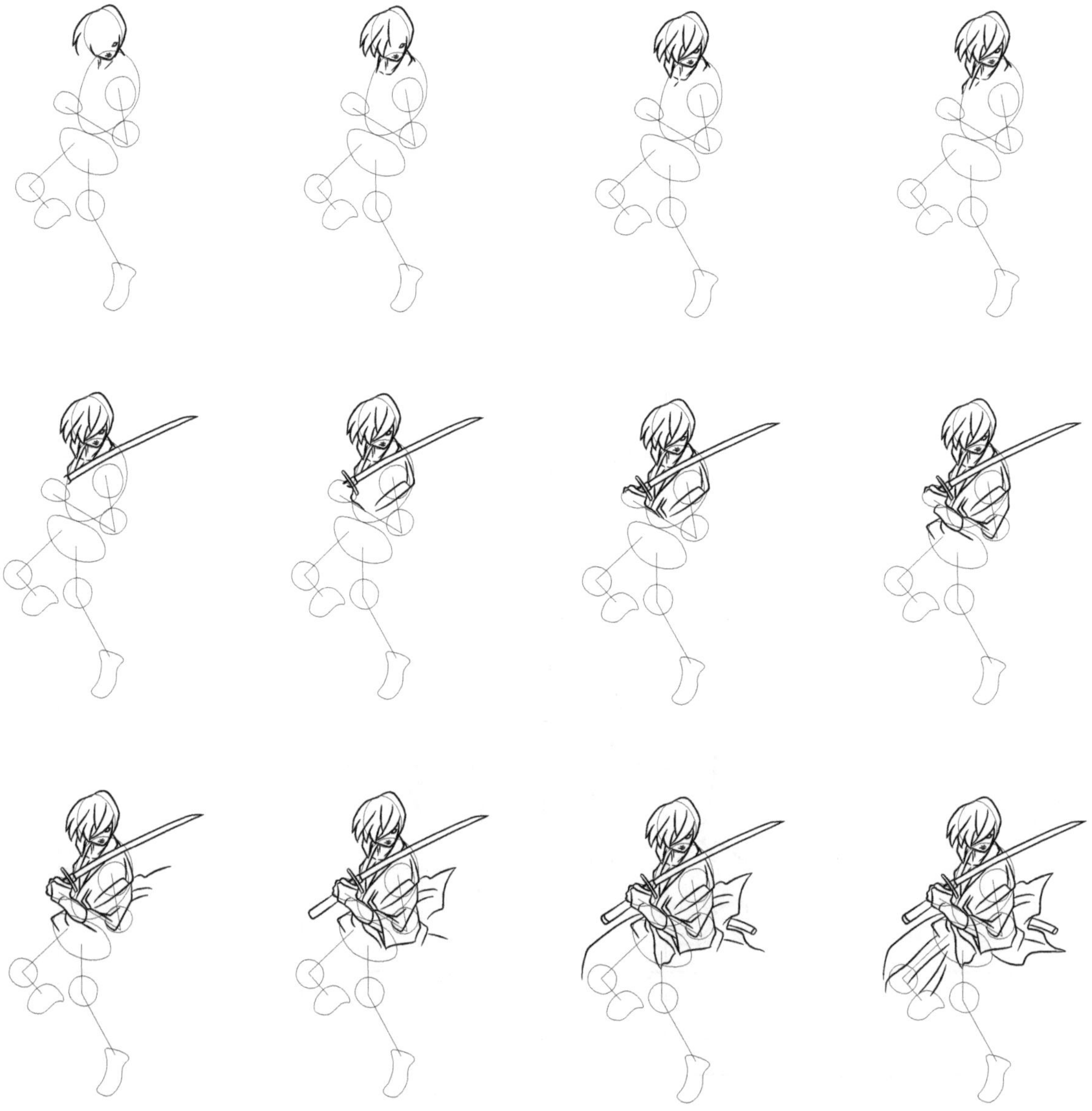

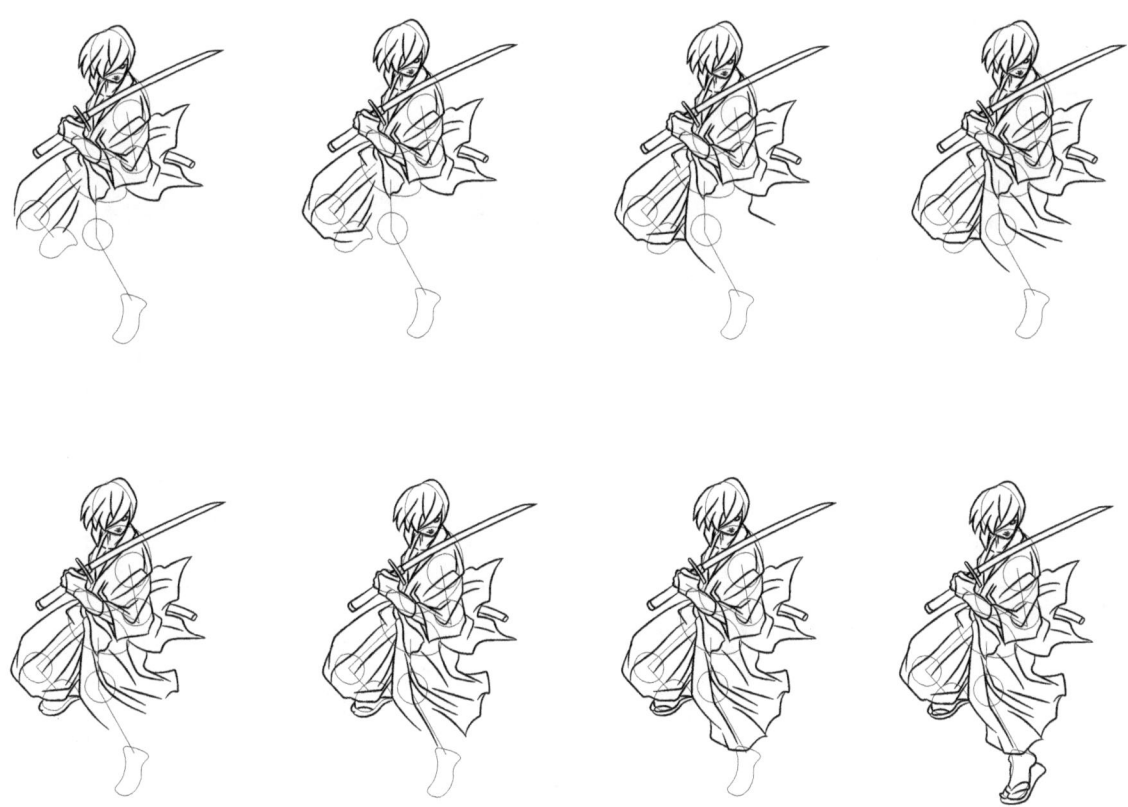

11. Sobald du mehr Erfahrung hast, kannst du deine eigenen Umrissskizzen zeichnen und sie anschließend verfeinern.

	A	B	C	D	E	F	G	H
1								
2								
3								
4								
5								
6								
7								
8								
9								
10								
11								
12								

12. Indem du den Druck, den du auf deinen Bleistift ausübst, anpasst, kannst du die Dicke deiner Linien variieren.

41

13. Gib deinem Charakter mit Hilfe einer
Ellipse ein gebogenes Aussehen.

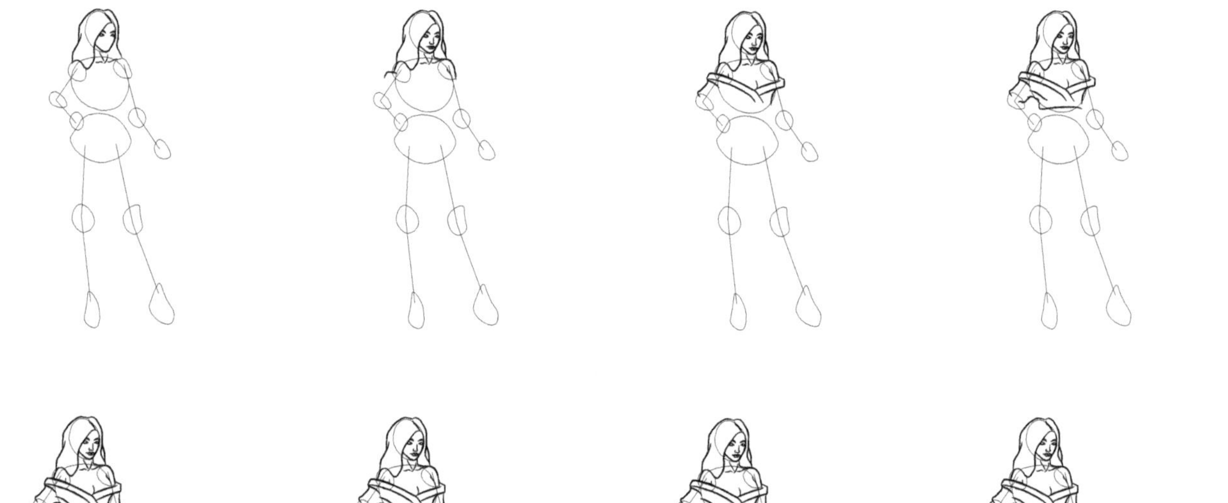

14. Versuche, deine Zeichnung leicht zu verändern, um ein anderes Aussehen zu erzeugen.

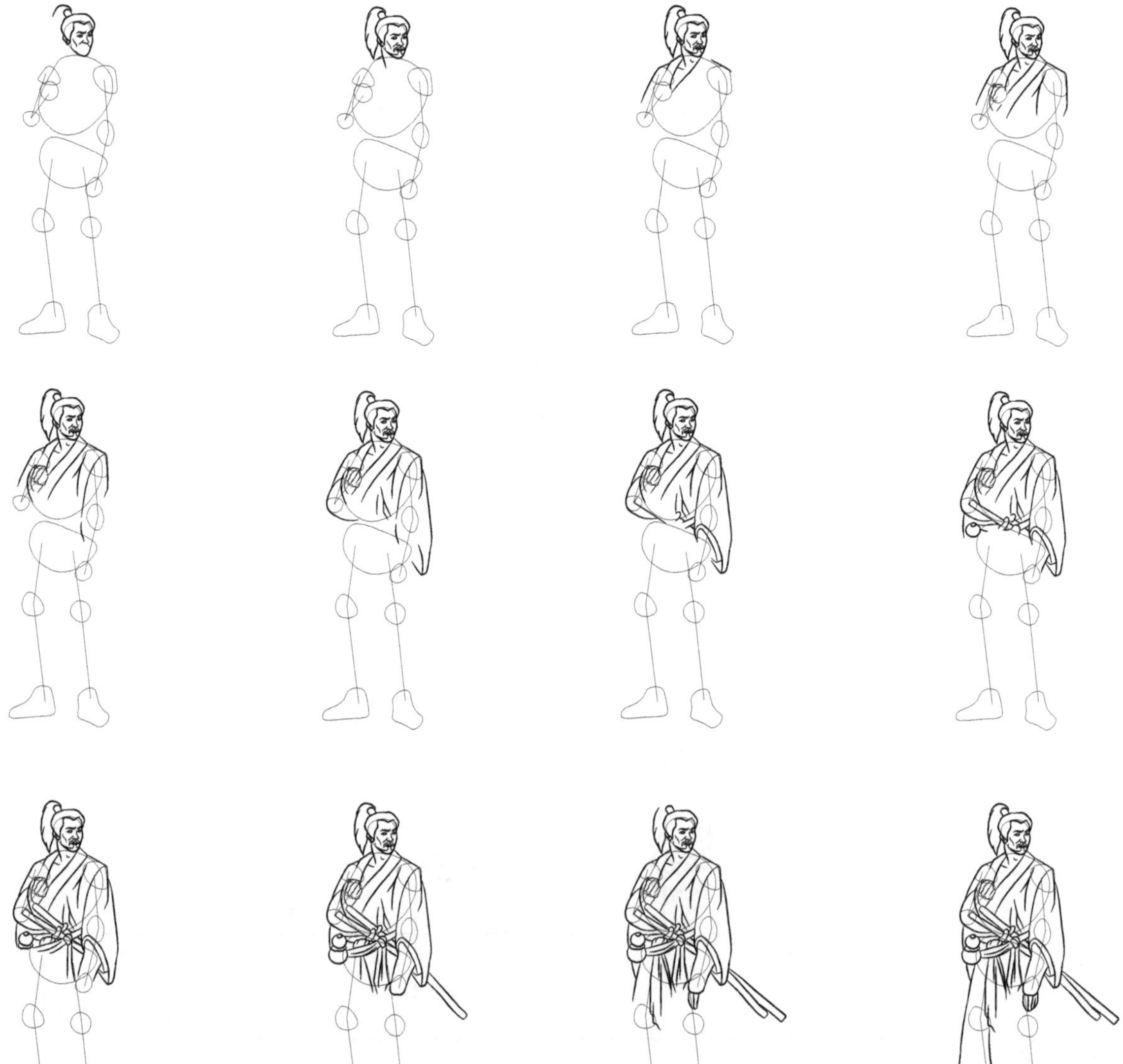

15. Einen einfachen Stock zu zeichnen,
kann oft ein nützlicher Weg sein, um
den Anfang zu machen.

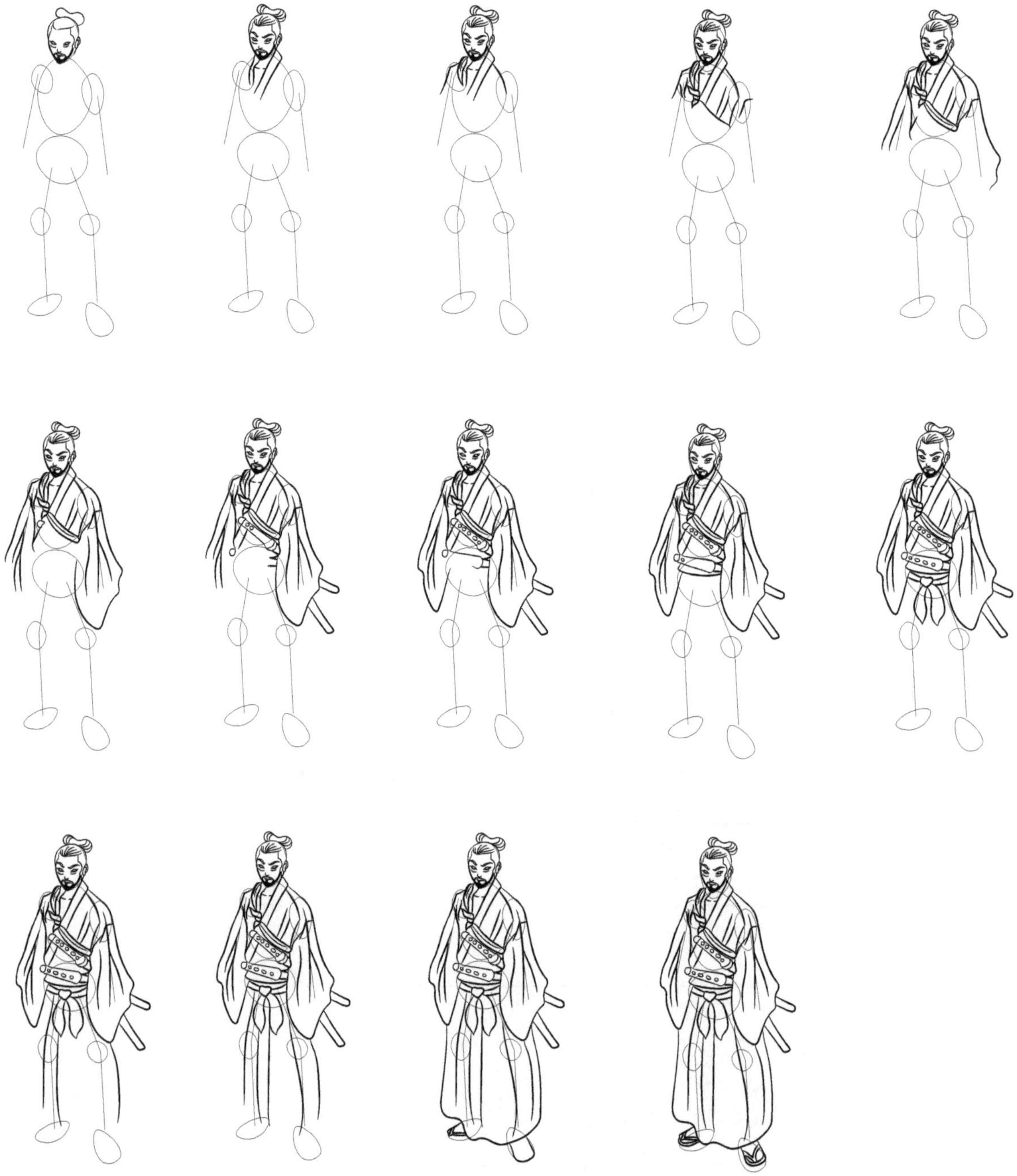

A B C D E F G H

1
2
3
4
5
6
7
8
9
10
11
12

16. Ellipsen dort zu platzieren, wo deine Figur Gelenke hat, kann oft helfen, einen Plan für deine Figur zu entwickeln.

	A	B	C	D	E	F	G	H
1								
2								
3								
4								
5								
6								
7								
8								
9								
10								
11								
12								

17. Das Hinzufügen kleiner Features kann deine Figur interessanter aussehen lassen.

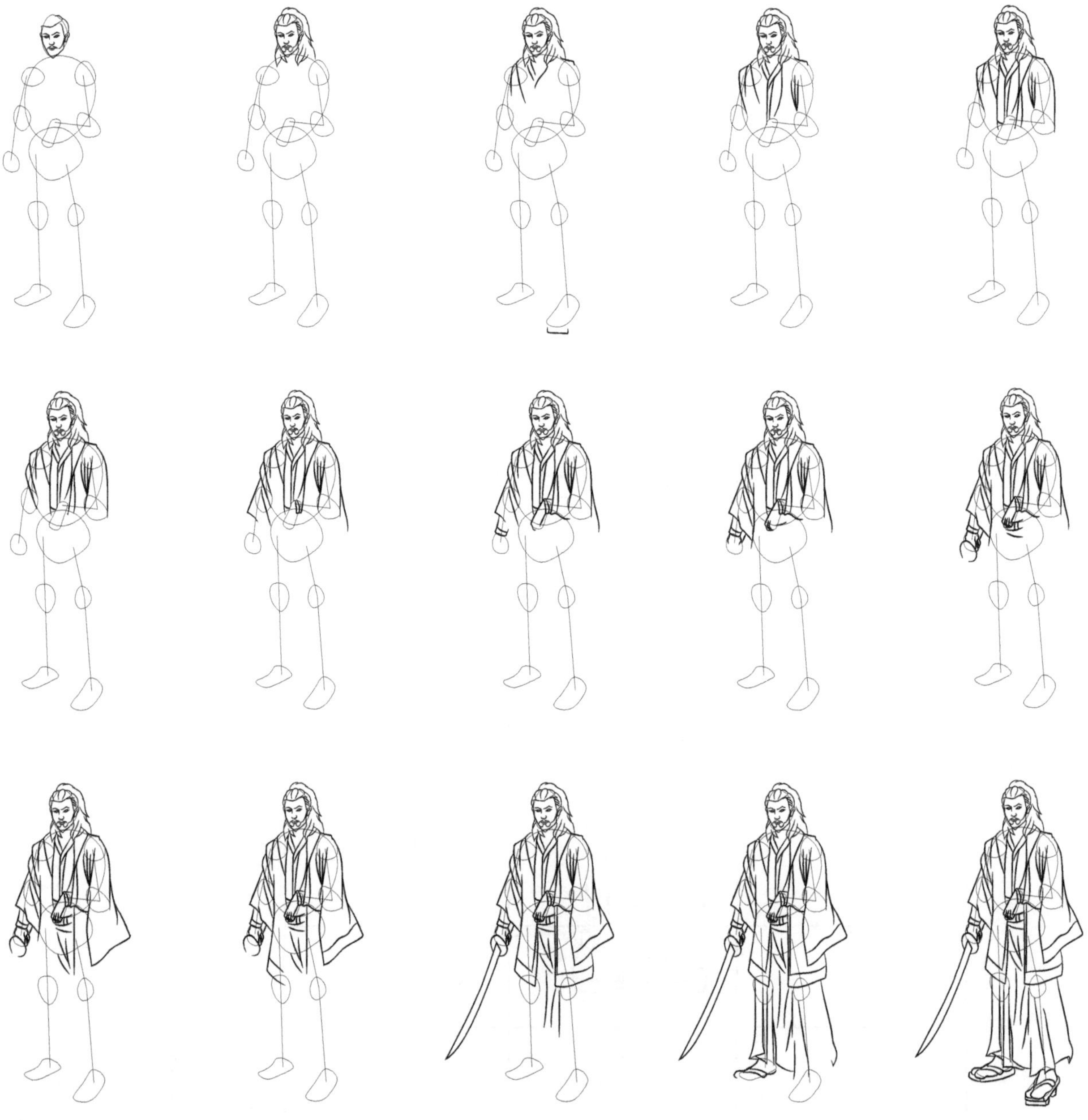

A B C D E F G H

1
2
3
4
5
6
7
8
9
10
11
12

53

18. Komplexere Zeichnungen erfordern viel mehr Planung. Ein kleiner Schritt nach dem anderen ist die beste Herangehensweise, da sich all diese Schritte summieren werden.

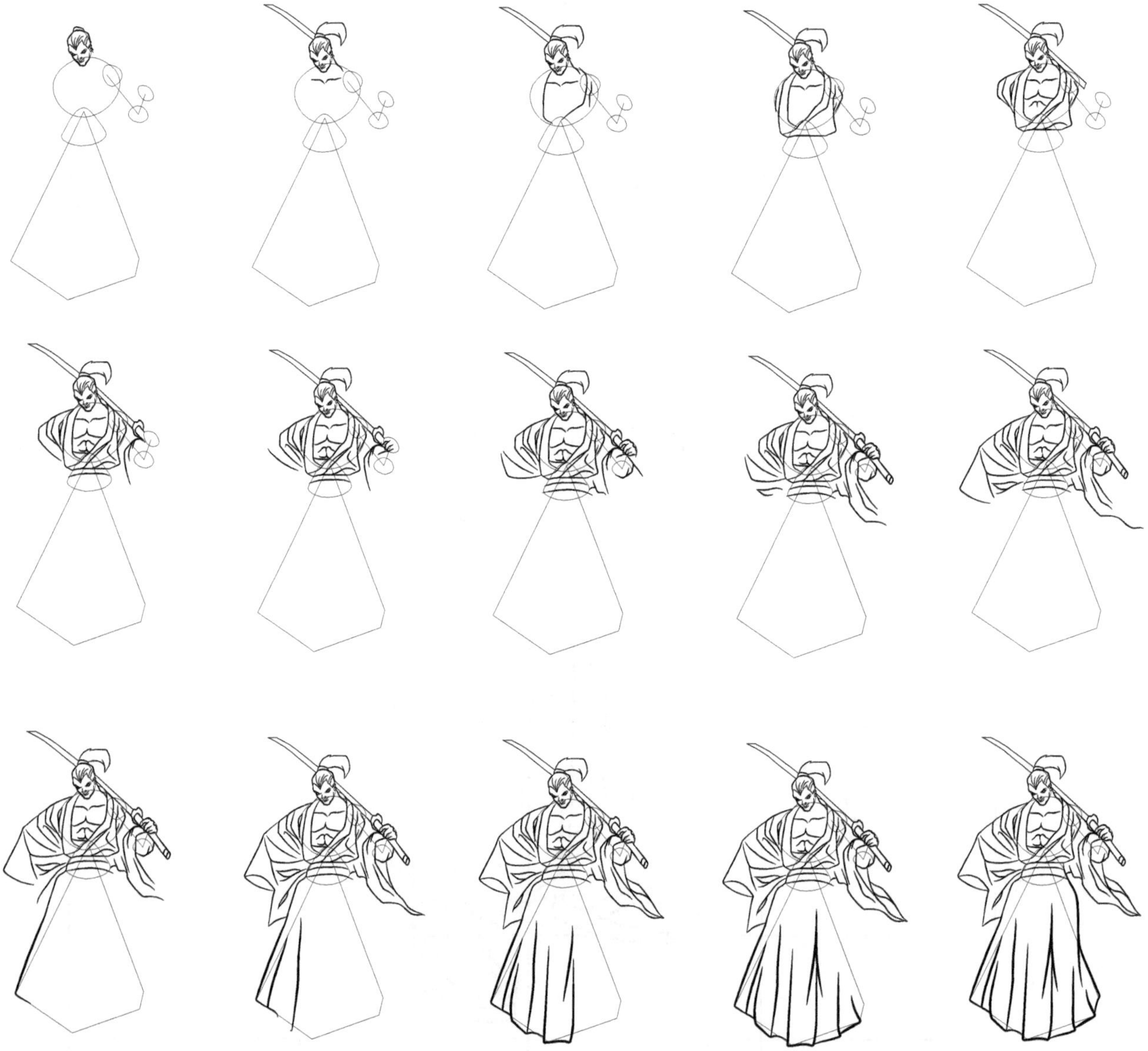

54

	A	B	C	D	E	F	G	H
1								
2								
3								
4								
5								
6								
7								
8								
9								
10								
11								
12								

19. Zeichnen ist ein Prozess der Konstruktion. Füge einen kleinen Teil nach dem anderen hinzu.

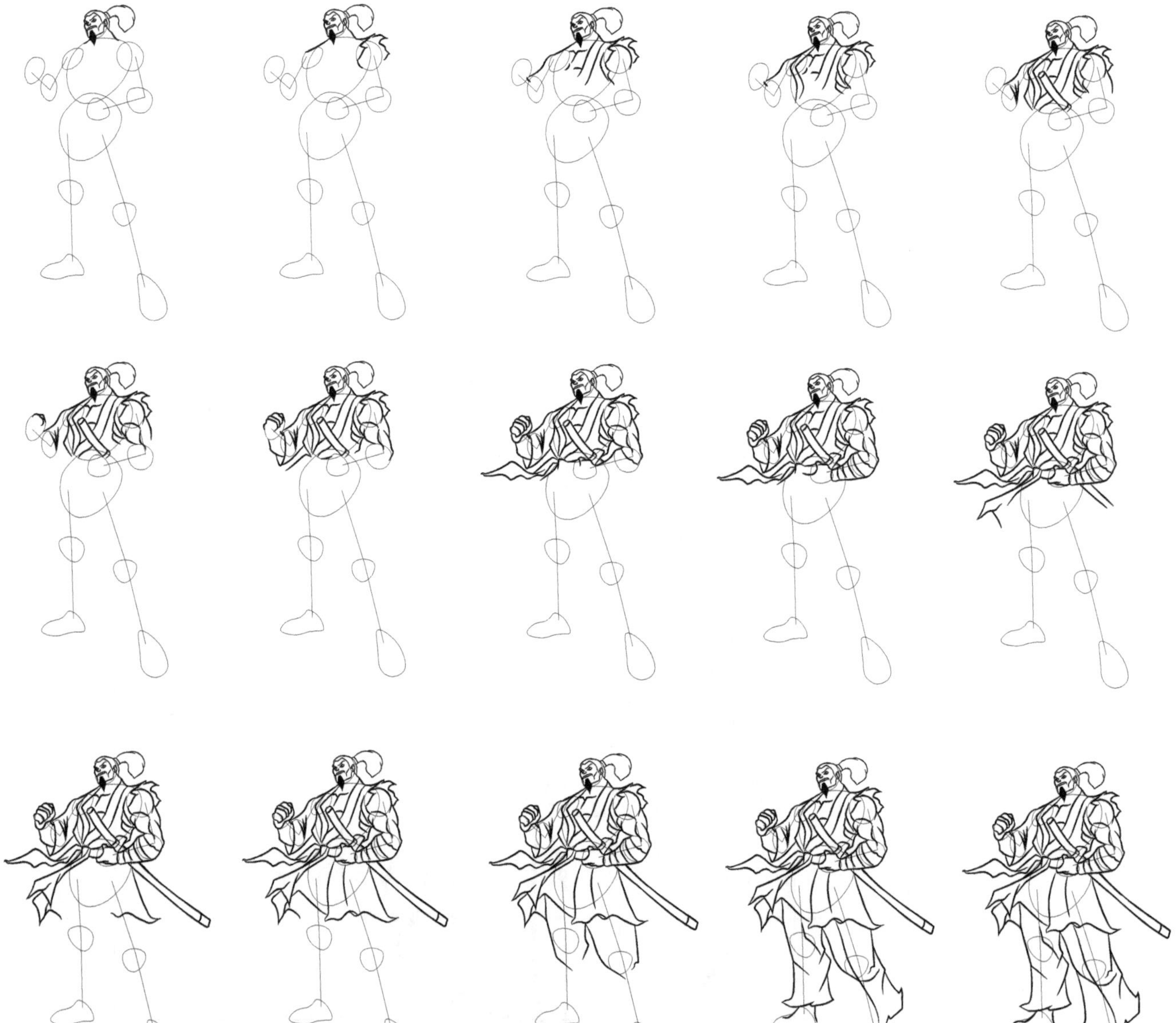

20. Es kann sehr schwierig sein, beim ersten Mal alles richtig zu machen, aber denk daran, je mehr du zeichnest, desto besser wirst du es hinbekommen.

	A	B	C	D	E	F	G	H
1								
2								
3								
4								
5								
6								
7								
8								
9								
10								
11								
12								

21. Um ein Experte für etwas zu werden, musst du vielleicht Tausende von Stunden damit verbringen, es zu tun. Erfahrene Künstler werden oft mehr als 10.000 Stunden damit verbracht haben, zu üben. Jede Minute, die du mit Zeichnen verbringst, bringt dich weiter.

	A	B	C	D	E	F	G	H
1								
2								
3								
4								
5								
6								
7								
8								
9								
10								
11								
12								

22. Wir alle machen Fehler, selbst die erfolgreichsten Menschen im Leben. Was erfolgreiche Menschen auszeichnet, ist, wie sie auf ihre Fehler reagieren.

	A	B	C	D	E	F	G	H
1								
2								
3								
4								
5								
6								
7								
8								
9								
10								
11								
12								

23. In der Kunst gibt es kein richtig oder falsch. Es gibt nur eine Interpretation durch den Betrachter der Kunst.

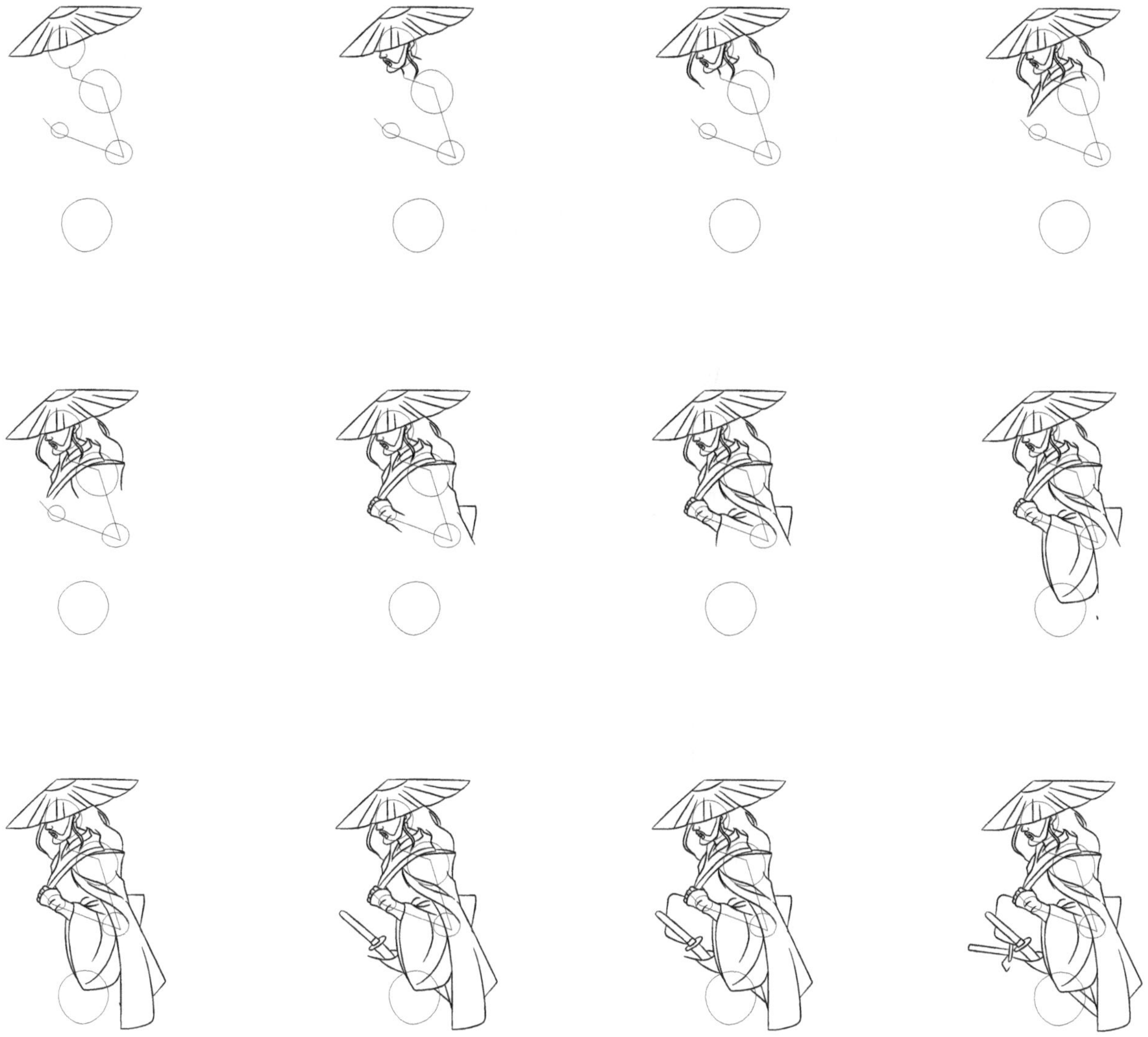

	A	B	C	D	E	F	G	H
1								
2								
3								
4								
5								
6								
7								
8								
9								
10								
11								
12								

24. Bei größeren Projekten konzentriere dich auf einen Schritt nach dem anderen. Menschen sind Tausende von Meilen gelaufen, indem sie einen Schritt nach dem anderen gemacht haben.

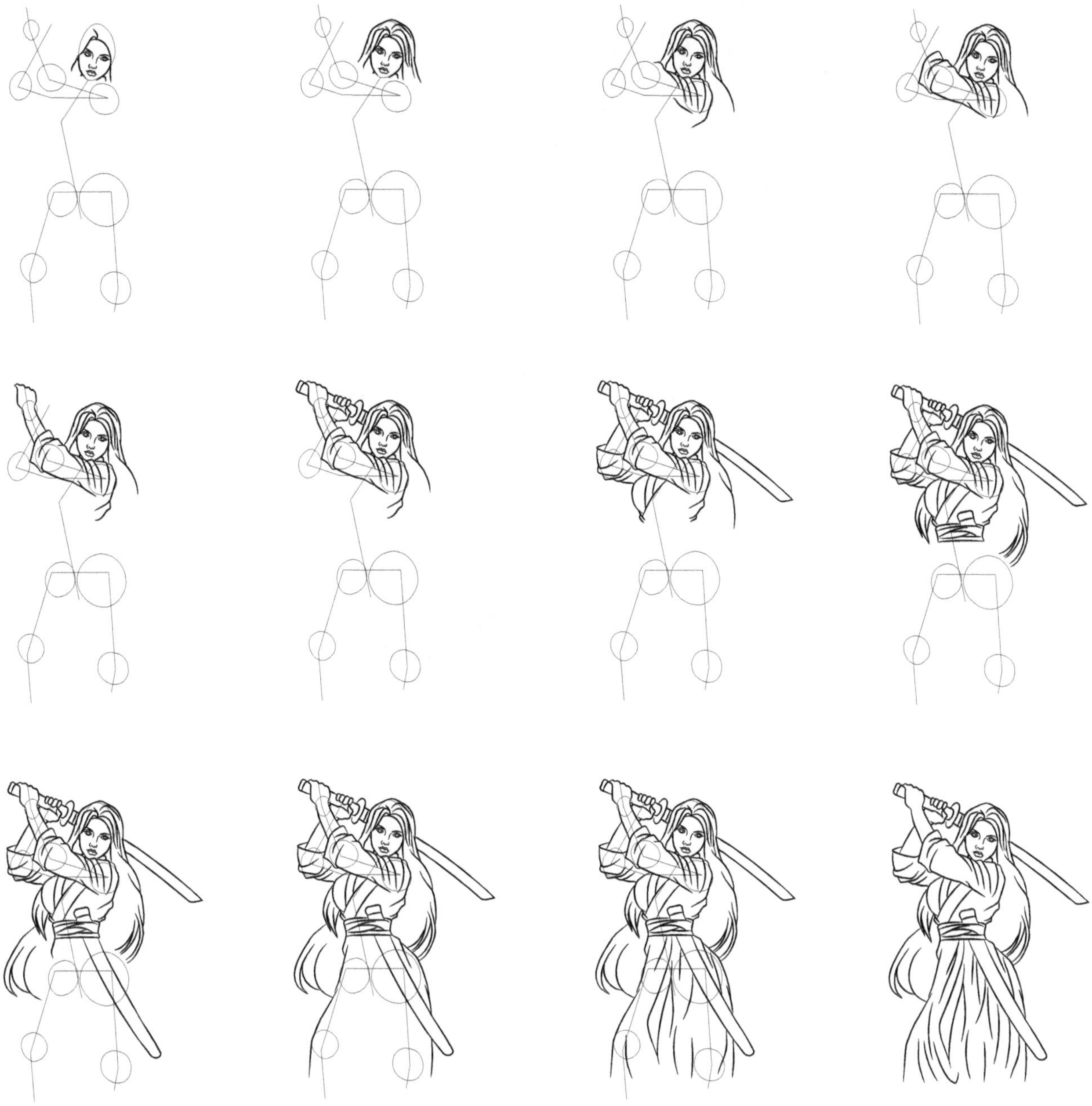

	A	B	C	D	E	F	G	H
1								
2								
3								
4								
5								
6								
7								
8								
9								
10								
11								
12								

25. Wenn du um Ideen für deine Arbeit ringst, nimm dir eine Pause und mach etwas anderes. Dein Verstand wird im Hintergrund für dich weiterarbeiten. Einige unserer großartigsten Ideen entstehen, während wir schlafen.

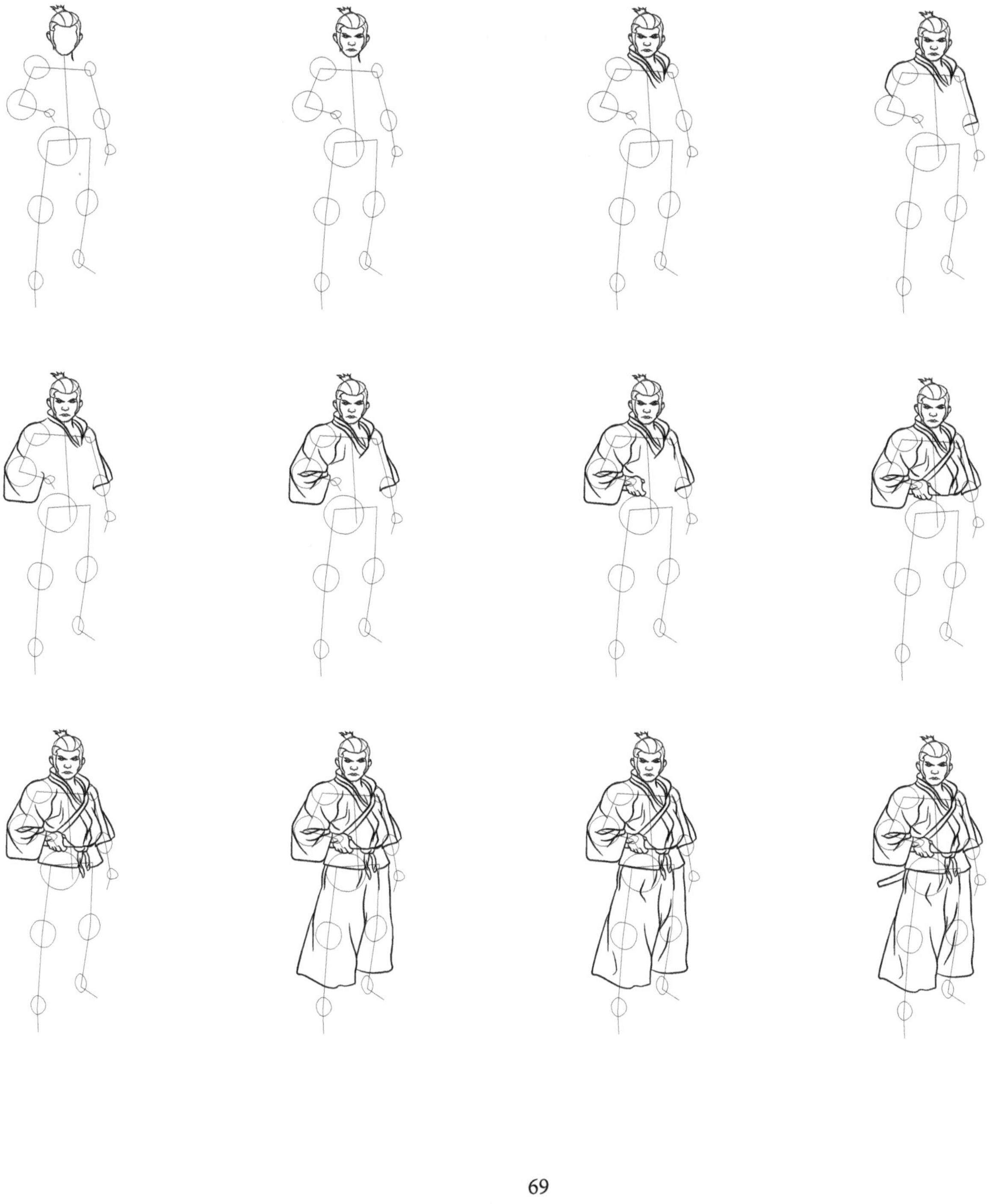

	A	B	C	D	E	F	G	H
1								
2								
3								
4								
5								
6								
7								
8								
9								
10								
11								
12								

26. Wenn du feststellst, dass du in Eile bist, höre auf mit dem, was du tust und mache eine Pause. Wenn du dich zu sehr hetzt, wird die Qualität deiner Arbeit vermindert.

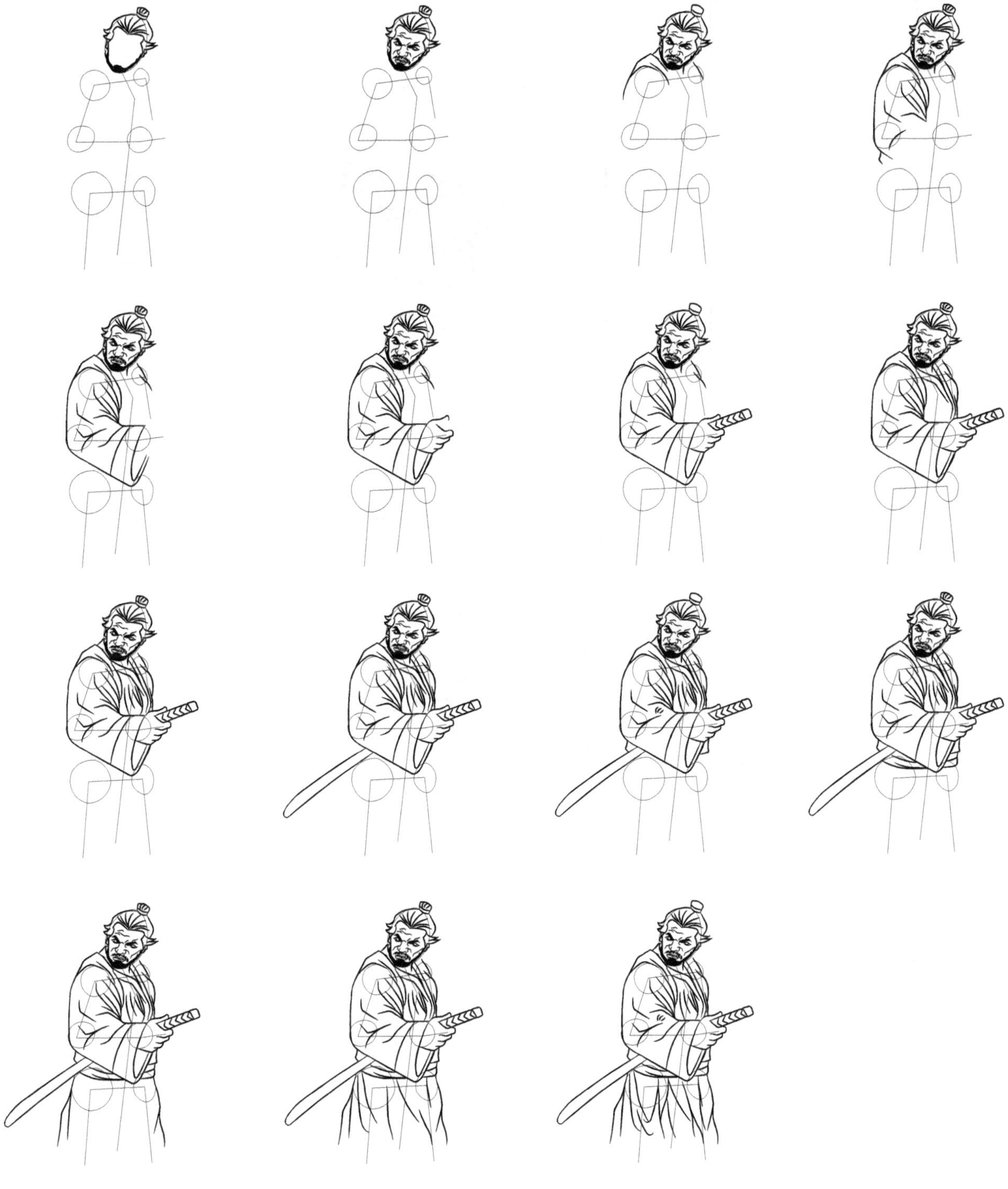

27. Wenn ein Projekt zu schwierig aussieht, um alles in einem Rutsch zu erledigen, beende einen Teil davon und komme etwas später darauf zurück. Das ist weniger anstrengend.

28. Eine Skizze mit Ellipsen für die wichtigsten Gelenke und Linien für die wichtigsten Knochen kann eine Struktur bieten, um die man herumarbeiten kann.

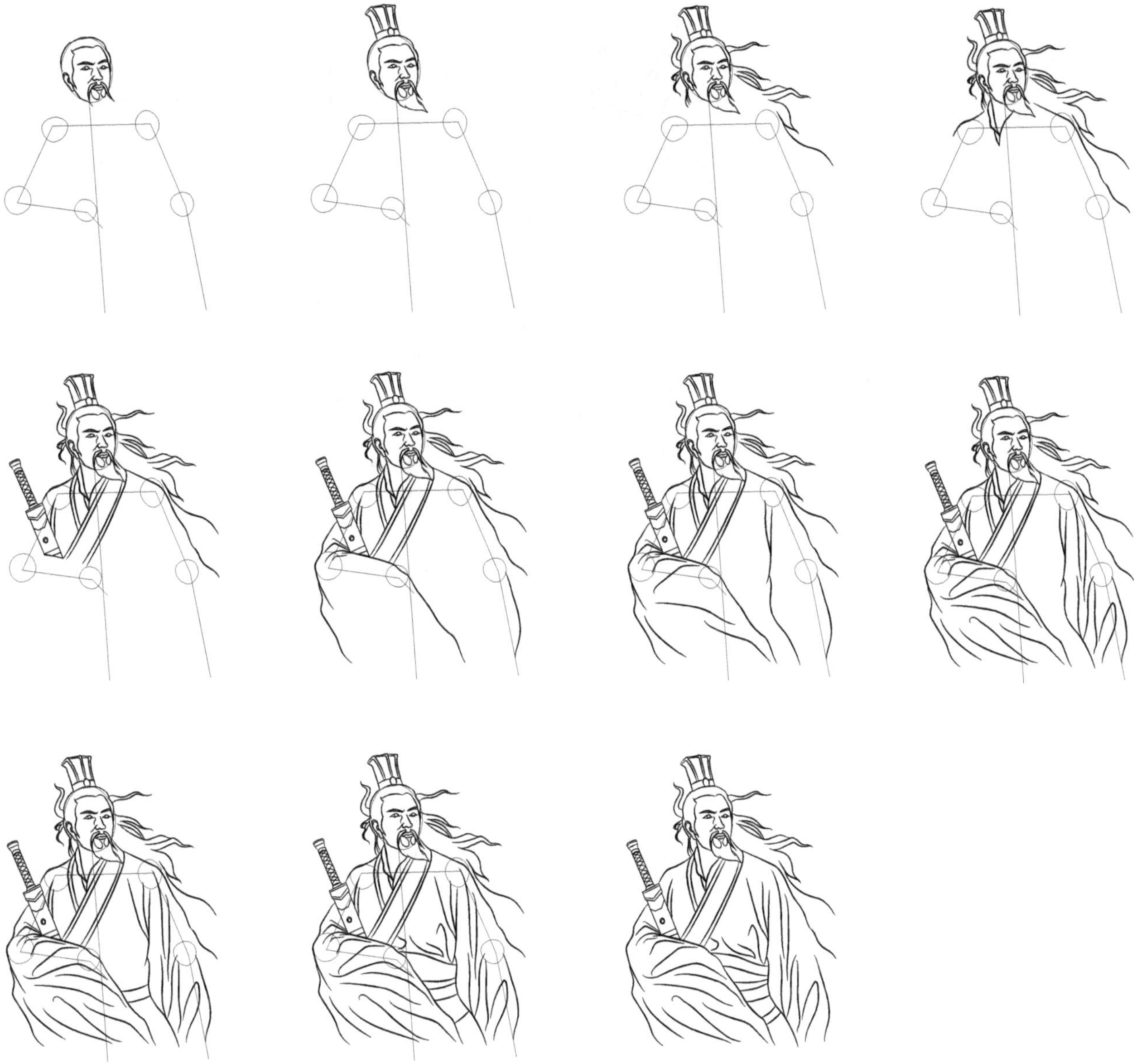

29. Beginne damit, zu entscheiden, wo du den Kopf und die Hauptgelenke des Charakters positionieren möchtest. Mache dann weiter mit den Gliedmaßen der Figur.

30. Es ist sehr selten, dass Zeichnungen zu sehen sind, die genau gleich sind. Meistens sind es kleine Details, die sie voneinander trennen.

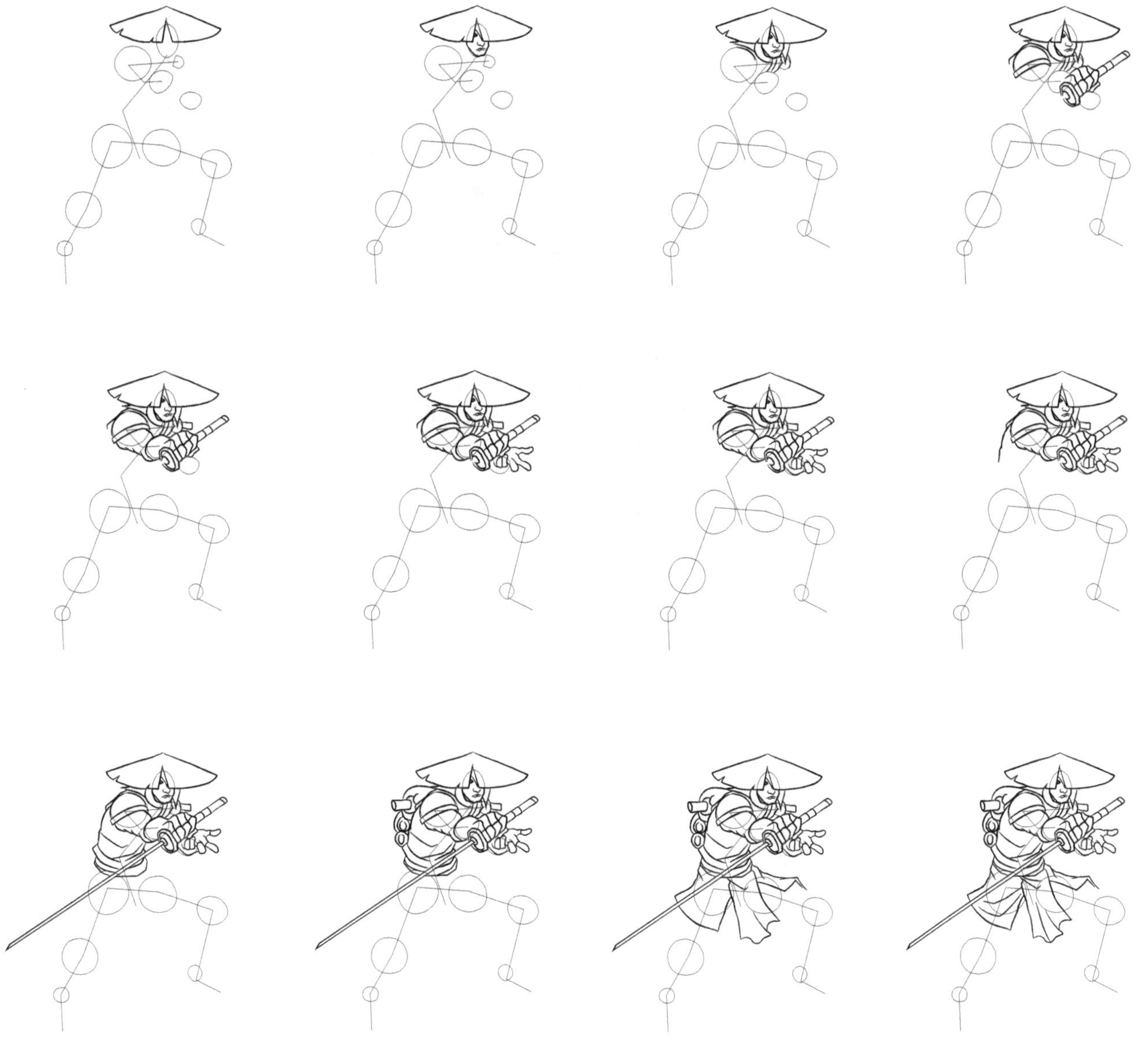

A B C D E F G H

1
2
3
4
5
6
7
8
9
10
11
12

30. Um ein Spiegelbild zu erzeugen, zeichne
alles in entgegengesetzter Richtung.

A B C D E F G H

32. Sobald du mehr Erfahrung hast, kannst du deine eigenen Umrissskizzen zeichnen und sie anschließend verfeinern.

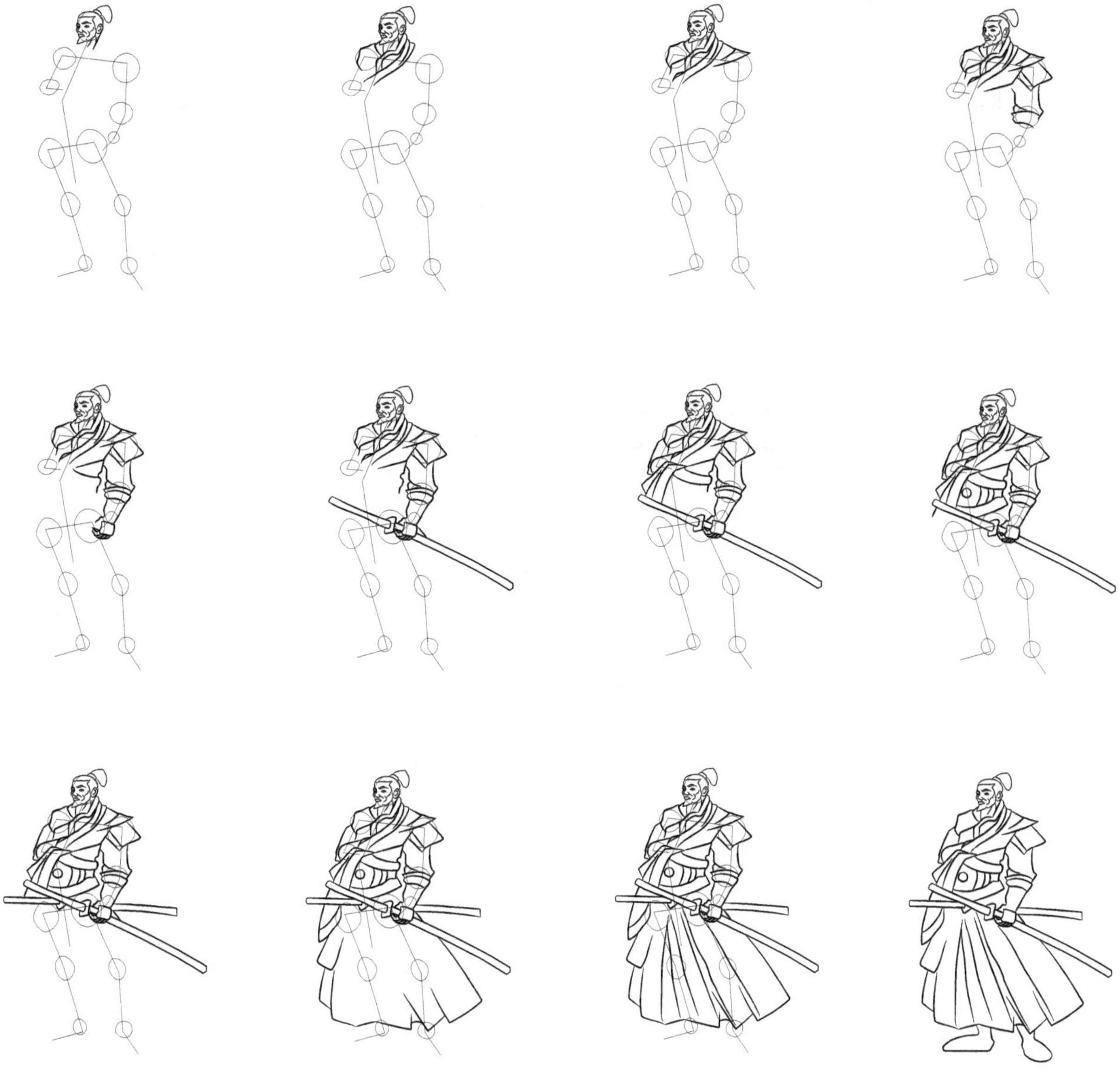

	A	B	C	D	E	F	G	H
1								
2								
3								
4								
5								
6								
7								
8								
9								
10								
11								
12								

33. Betrachte deine Zeichnung als viele kleine Teile. Konzentriere dich darauf, einen Teil nach dem anderen zu zeichnen und gehe dann zum nächsten Teil über. Alle Teile werden sich am Ende summieren!

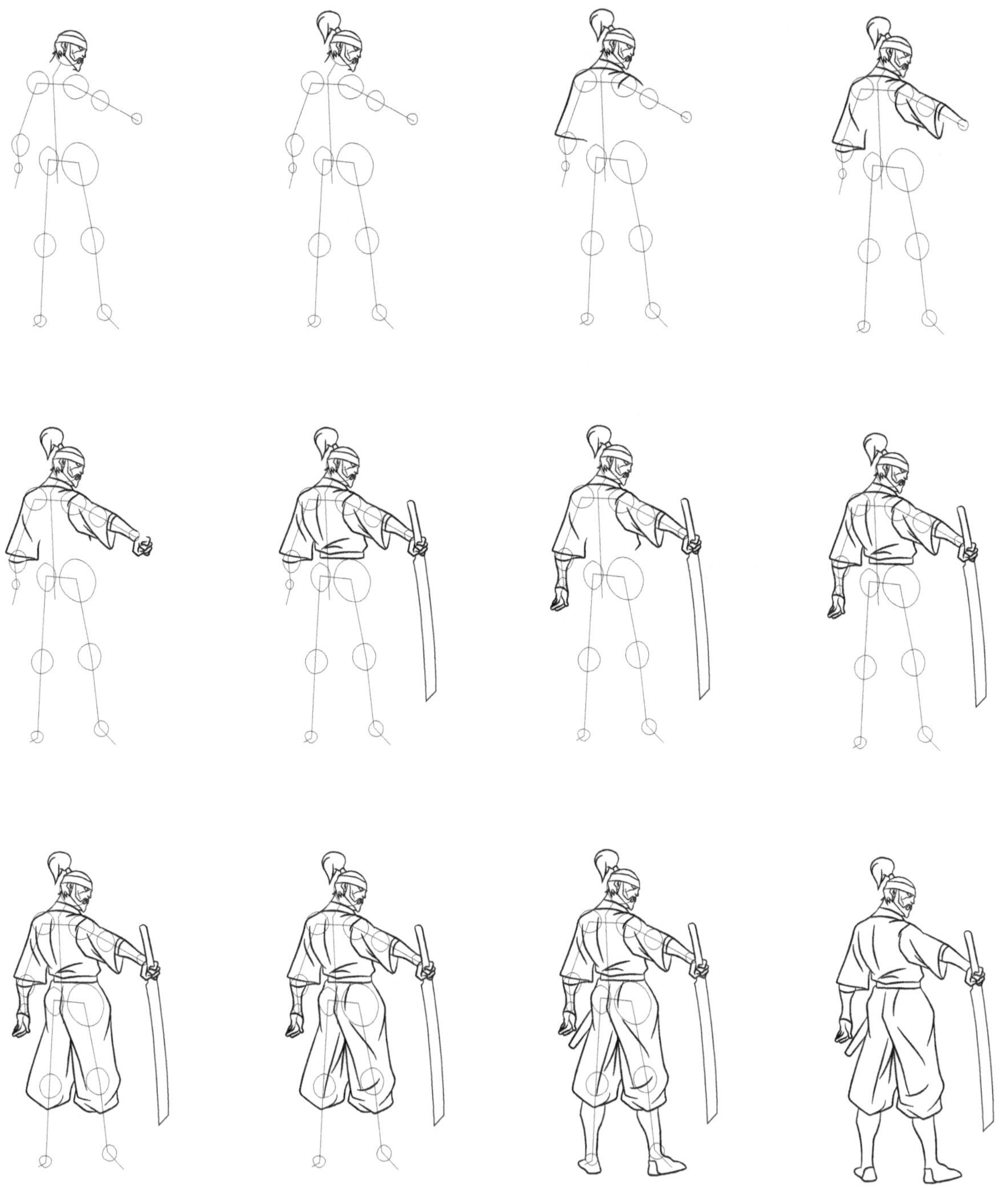

34. Beginne deine Zeichnung mit einem Kasa und zeichne dann das Gesicht deiner Figur so, dass es hineinpasst.

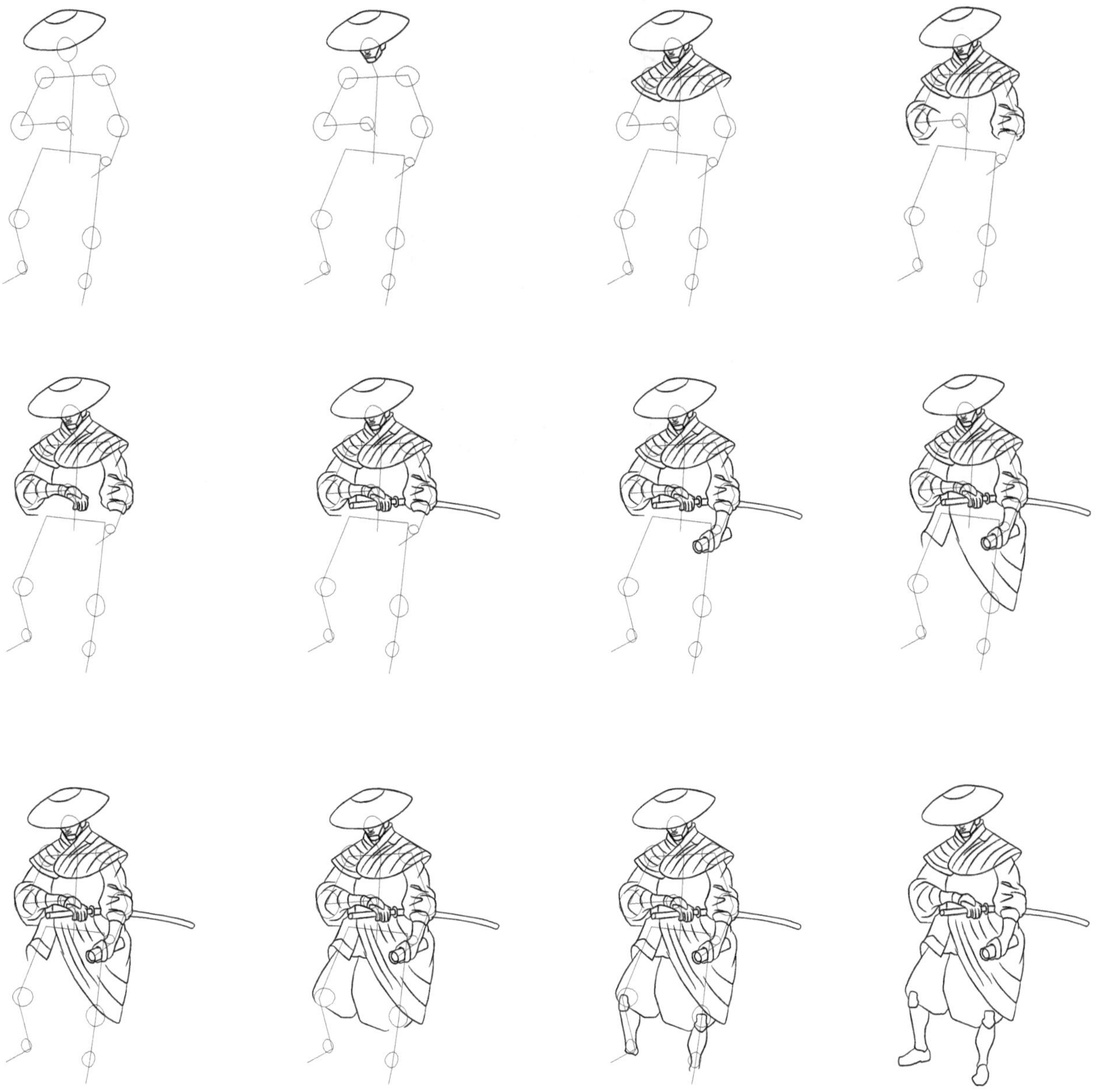

	A	B	C	D	E	F	G	H
1								
2								
3								
4								
5								
6								
7								
8								
9								
10								
11								
12								

35. Zeichne eine geballte Faust, wenn du willst, dass deine Figur Aggression zeigt.

	A	B	C	D	E	F	G	H
1								
2								
3								
4								
5								
6								
7								
8								
9								
10								
11								
12								

36. Selbst sehr kleine Änderungen in deiner Zeichnung können die Emotionen, die deine Figur ausdrückt, beeinflussen.

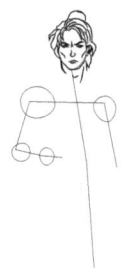   

	A	B	C	D	E	F	G	H
1								
2								
3								
4								
5								
6								
7								
8								
9								
10								
11								
12								

37. Du kannst mit Hilfe einer Umriss-skizze entscheiden, wo du den Kopf deiner Figur im Verhältnis zum Haupt-körperteil platzieren möchtest. Benutze Ellipsen, um dich zu führen.

	A	B	C	D	E	F	G	H
1								
2								
3								
4								
5								
6								
7								
8								
9								
10								
11								
12								

38. Um dein Gehirn zu trainieren, führe eine Zeichnung in entgegengesetzter Weise aus, wie du sie normalerweise angehen würdest. Manchmal kann uns das helfen, Dinge zu sehen, die wir vorher nicht bemerkt haben.

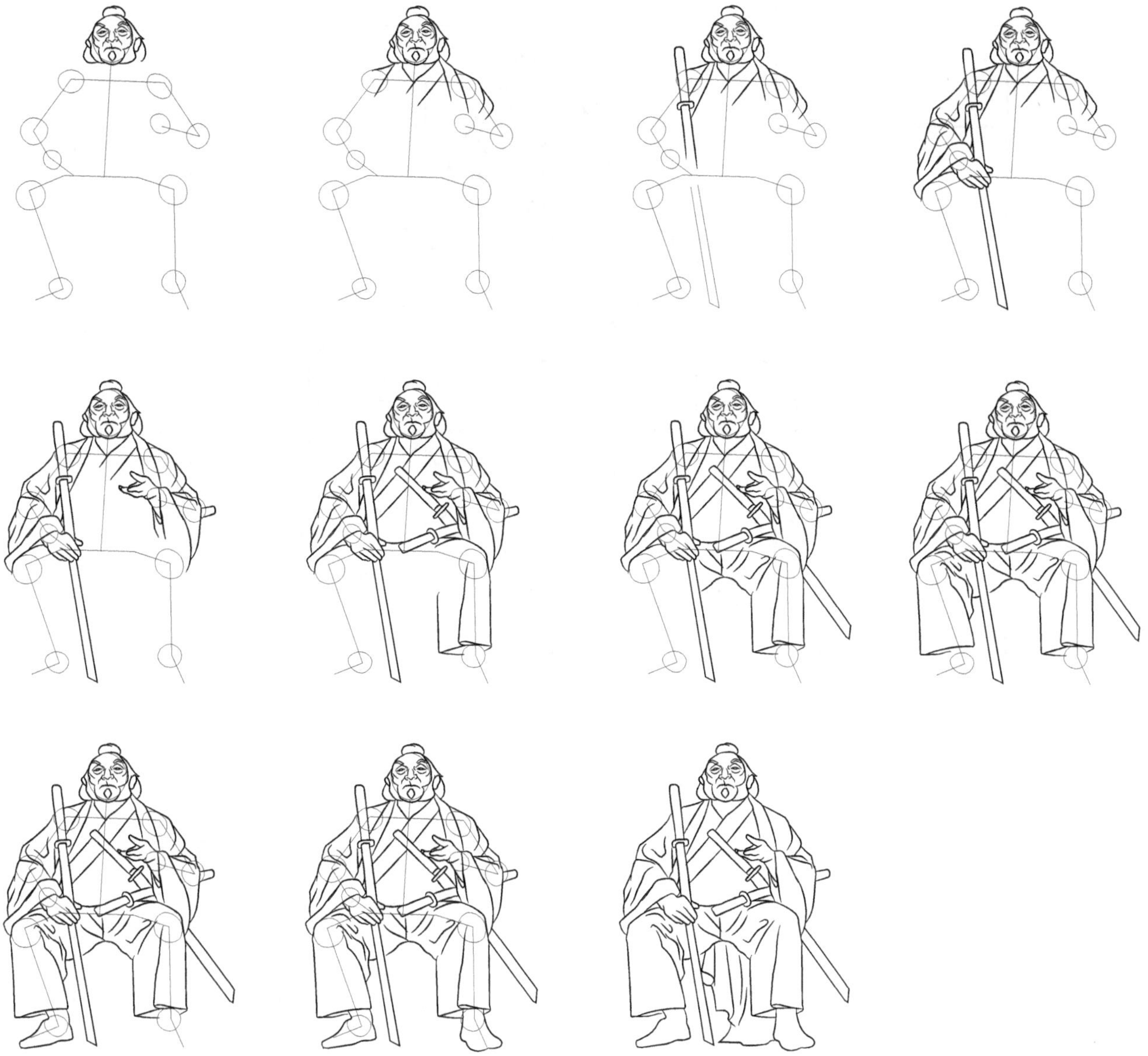

Lightning Source UK Ltd.
Milton Keynes UK
UKHW051946141220
375245UK00007B/900